Wolfgang Bittner

Beruf:
Schriftsteller

Was man wissen muss,
wenn man vom Schreiben
leben will

Rowohlt Taschenbuch Verlag

Originalausgabe

Veröffentlicht im Rowohlt Taschenbuch Verlag GmbH,
Reinbek bei Hamburg, Januar 2002
Copyright © 2002 by Rowohlt Taschenbuch Verlag GmbH,
Reinbek bei Hamburg
Redaktion Wolfgang Müller
Umschlaggestaltung Britta Lembke
Satz: Proforma PageMaker
Pinkuin Satz und Datentechnik, Berlin
Druck und Bindung Clausen & Bosse, Leck
Printed in Germany
ISBN 3 499 61311 5

Die Schreibweise entspricht den Regeln
der neuen Rechtschreibung.

Inhalt

Es gehört mehr dazu als bloß Geist,
um ein Schriftsteller zu sein.
Jean de La Bruyère

Vorwort
oder Ein Buch wird geplant

Wer heute als Schriftsteller leben will, und zwar nicht nur mit einem Zufallstreffer ein paar Jahre, sondern womöglich ein Leben lang, sollte zumindest drei Voraussetzungen erfüllen: Er sollte fleißig sein, phantasievoll und über einen großen Fundus an Wissen, Bildung und Erfahrungen verfügen. Dabei ist zunächst unerheblich, was und für wen man schreibt, ob «große Literatur» oder Sachbücher, ob Unterhaltungslektüre, Heftromane oder Horrorszenarien, ob für Erwachsene, Jugendliche oder Kinder. Genie ist selten; eher schon kommt Talent vor, eine Begabung für das Schreiben. Doch die muss ausgebildet und gepflegt werden. Denn Schreiben als Beruf ist eine qualifizierte Tätigkeit, und noch kein Meister ist vom Himmel gefallen. Gerade das aber suggerieren ständig «Promotoren» und einige Medien, indem sie Autorinnen und Autoren propagieren, die sie wenig später wieder fallen lassen. So entstehen und vergehen Träume von einem bequemen Leben im Rampenlicht abseits von Alltagsstress und kontinuierlicher Arbeit.

Zurzeit ist neben den seit längerem bekannten Namen eine Anzahl junger deutschsprachiger Autorinnen und Autoren im Gespräch, und wir sind gespannt, wer von ihnen in einigen Jahren noch präsent sein wird. Manche beschäftigen sich in ihren locker erzählten, dekorativen und konformen Geschichten außer mit ihrem Unterleib vor allem mit Markenartikeln oder der Frage, wo und wofür sie das Geld ihrer Eltern ausgeben. Das wird kräftig gefördert und kommt bei einem größeren Publikum an. Zugleich hört man in Kritik und Wissenschaft vermehrt Klagen über eine mangelnde Ästhetik oder auch fehlende Poesie der Kinder- und Jugendliteratur.

Unter diesen Umständen wundert es nicht, wenn der Markt von Übersetzungen dominiert wird, allem voran Unterhaltungsbestseller aus dem Amerikanischen. Vergessen die Appelle von Alfred Andersch, Heinrich Böll, Max Frisch, Anna Seghers oder Wolfgang Koeppen, wonach sich Schriftsteller «gegen die Macht, gegen die Gewalt, gegen die Zwänge der Mehrheit, der Masse, der großen Zahl, gegen die erstarrte, faule Konvention» engagieren sollten und sich nicht scheuen dürfen, «wenn es sein muss, ein Ärgernis zu geben» (Koeppen).

«Seid Sand im Getriebe, nicht Öl», hieß es damals; eine bedenkenswerte These, wo es fast nur noch um verkaufsträchtiges Lesefutter geht, wo sich Beliebigkeit, Opportunismus und Unterhaltung etabliert haben. Andererseits ist das immer auch eine problematische Aufforderung gewesen, denn Literatur – insbesondere die Kinder- und Jugendliteratur – soll selbstverständlich ihre Leser finden, und Verlage sind keine Wohltätigkeitsvereine, sondern Wirtschaftsunternehmen. Außerdem gibt es recht unterschiedliche Schreibansätze und Lesebedürfnisse.

Im Folgenden soll der Versuch unternommen werden, den Beruf des Schriftstellers/der Schriftstellerin vorzustellen, und das illusionslos aufgrund langjähriger Erfahrungen, aber auch mit viel Sympathie für dieses Metier, das im Allgemeinen weder brotlos noch glanzvoll ist. Ein Leben als Schriftsteller ist eine arbeitsreiche, riskante Existenz, und der Vorsatz allein, diesen Beruf auszuüben, reicht nicht. Dazu gehört Professionalisierung, die damit beginnt, dass man selber liest, schaut, wie es andere machen, sich informiert, austauscht; dass man vielleicht auch Bücher rezensiert, erste Artikel, Glossen, Essays schreibt, sich mit Gedichten und Kurzgeschichten ausprobiert.

Als ich gefragt wurde, ob ich ein Buch über den Schriftstellerberuf schreiben könne, über die Bedingungen des Schreibens und der Verwertung des Geschriebenen, habe ich mir zunächst Bedenkzeit ausgebeten. Erst als ich länger darüber nachdachte, begann ich mich mehr und mehr für dieses Vorhaben zu erwärmen. Sicherlich ist es sinnvoll, so dachte ich, sich einmal grundlegende Gedanken über das zu machen, womit man tagtäglich umgeht. Und mit dem Thema beschäftige ich mich schon seit Jahren. Inzwischen ist der Vertrag für das Buch abgeschlossen, die Dramaturgie mit dem erfreulicherweise erfahrenen Lektor besprochen, der hilfreiche Hinweise gegeben hat.

Jetzt sitze ich vor einem Stapel weißem Papier, das beschrieben werden soll, bevor die Computerarbeit beginnt. Auf meinem Schreibtisch liegen Informationsschriften, die einschlägigen Handbücher, Steuer- und Abrechnungsunterlagen, sogar noch der umfangreiche «Autorenreport» von Fohrbeck und Wiesand von 1972 (es gibt in dieser Differenziertheit leider keine neuen Untersuchungen), aber auch literarische Werke von Autorinnen und Autoren, die ich schätze. In der Bibliothek war ich schon, meine Notizen füllen mehrere Seiten. Auch aus dem Internet ließ sich einiges abrufen. Als Nächstes ist eine Stoffsammlung anzulegen, aus der später die Gliederung entsteht, die im Inhaltsverzeichnis nachzulesen sein wird. Es kann also losgehen mit der Niederschrift zum Thema «Beruf: Schriftsteller» – die Arbeit hat schon lange begonnen.

Köln, im Frühjahr 2001   Wolfgang Bittner

Ein Schriftsteller ist ein Mensch, dem das Schreiben schwerer fällt als allen anderen Leuten.
Thomas Mann: Briefe 1948–1955

Die Schriftstellerei ist, je nachdem man sie treibt, eine Infamie, eine Ausschweifung, eine Tagelöhnerei, ein Handwerk, eine Kunst, eine Wissenschaft und eine Tugend.
August Wilhelm Schlegel: Fragmente

Erfahrungen in einem ungewöhnlichen Beruf

Mir ist oft die Frage gestellt worden, wie ich Schriftsteller geworden bin, welche Erfahrungen ich gemacht habe und was sich daraus für mich ergeben hat. Die Antwort darauf fällt mir nicht leicht. Ich habe einen Beruf, in dem Erlebtes als Rohmaterial verarbeitet wird. Manches verselbständigt sich in der Phantasie, verändert sich oder wird nach Bedarf umgestaltet, anderes gerät schnell in Vergessenheit, wird verdrängt. Wie war das genau? Ich muss darüber nachdenken. Was war für mich wichtig, für mein bisheriges Leben, meine Entwicklung, meinen Beruf? Was hat mich geformt, was verändert, was hat Erkenntnisse gebracht?

Ich bin während des Zweiten Weltkriegs in Gleiwitz/Oberschlesien (bis 1945 deutsch, heute polnisch) geboren, wuchs in Ostfriesland auf, habe zwanzig Jahre in der südniedersächsischen Stadt Göttingen gelebt und wohne seit 1988 in Köln am Rhein. Wenn ich gelegentlich gefragt werde, wo meine Heimat ist, bin ich ratlos. Im Ausland kann ich sagen: Deutschland. Aber wo in Deutschland ist meine Heimat? Am Schicksal meiner (durch Kriegsereignisse traumatisierten) Eltern, die in hohem Alter immer noch von «zu Hause» sprachen und damit Gleiwitz meinten, ist mir deutlich geworden, was Vertreibung und Heimatlosigkeit bedeuten. Diese Heimatlosigkeit habe ich schon sehr früh gespürt, und sie ist nie so ganz gewichen.

Seit über fünfundzwanzig Jahren arbeite ich inzwischen freiberuflich als Schriftsteller. In dieser Zeit habe ich etwa vierzig Bücher veröffentlicht, darunter vier Romane für erwachsene Leser und neun Romane für Kinder und Jugendliche. Hinzu kommen Herausgaben, Features, Hörspiele, Theaterstücke und Drehbücher sowie zahlreiche Beiträge für die unterschiedlichen Medien. Schreiben ist nicht nur die Arbeit, mit der ich meinen Lebensunterhalt verdiene, sondern überhaupt auch ein Weg für mich, mit dem Leben besser fertig zu werden. Es macht mir außerdem Spaß, wenn auch nicht uneingeschränkt und ununterbrochen.

> Man glaubt gewöhnlich, jedes Kunsttalent müsse angeboren sein. Dieses ist aber nur in einem beschränkten Sinne wahr, und gibt es ein Talent, das durch Fleiß ausgebildet werden kann, so ist es das des Stils. Man nehme sich nur vor, nicht alles gleich niederzuschreiben, wie es einem in den Kopf gekommen, und nicht alles gleich drucken zu lassen, wie man es niedergeschrieben.
>
> *Ludwig Börne (1786–1837): Bemerkungen über Sprache und Stil*

Mehrfach habe ich längere Reisen unternommen, zum Beispiel nach Persien und nach Mexiko. Seit 1985 bin ich fast jedes Jahr mehrere Wochen, manchmal mehrere Monate, in Kanada gewesen, vor allem im Nordwesten, wo das Yukon-Territorium an Alaska grenzt. Kanada hat mich schon immer interessiert, und inzwischen spielen sieben meiner Bücher in diesem Land, darunter vier Abenteuerromane. Schreiben ist für mich zum Beruf geworden und zugleich eine Möglichkeit zu existieren, die einzige zurzeit von mir denkbare. Zwar habe ich immer auch gemalt, gezeichnet und Skulpturen geschmiedet, hin und wieder sogar ausgestellt, aber Schreiben war immer elementar. Eines konnte ich mir nie vorstellen: über Jahre hinweg in einem Büro zu sitzen, bevormundet und kontrolliert, bis zum Rentenalter unwiderruflich festgelegt.

Wie bin ich dahin gekommen? Und an welcher Stelle stand ich nach Abschluss meines Studiums, also 1970? Ich hatte meine ersten wissenschaftlichen Veröffentlichungen hinter mir, gerade das erste juristische Staatsexamen bestanden, begann als Gerichtsreferendar den Vorbereitungsdienst für eine juristische Laufbahn und schrieb – parallel dazu – an meiner Doktorarbeit.

> Rousseau hat glaube ich gesagt: ein Kind, das bloß seine Eltern kennt, kennt auch die nicht recht. Dieser Gedanke lässt sich auf viele andere Kenntnisse, ja auf alle anwenden, die nicht ganz reiner Natur sind: Wer nichts als Chemie versteht, versteht auch die nicht recht.
>
> *Georg Christoph Lichtenberg (1742–1799): Aphorismen*

Morgens ging ich also ins Gericht. Es roch nach Reinigungsmitteln, wenigstens schien es mir immer so; zugleich meinte ich in den Gängen den Angstschweiß der Angeklagten und Rechtsuchenden wahrzunehmen, die auf ihre Verhandlungen warteten. Mich könne die Atmosphäre kalt lassen, sagte ich mir. Ich gehörte ja jetzt zu den Amtspersonen, die zu bestimmen hatten, mir konnte nichts passieren. Diese Selbstbeschwichtigung gelang zumeist. Aber manchmal tauchten in Sekundenschnelle die Bilder von Schul- und Behördenfluren vor meinem inneren Auge auf, und mit ihnen kam regelmäßig dieses furchtbare, Schweißausbrüche hervorrufende Gefühl des Ausgeliefertseins an irgendwelche unberechenbare Institutionen.

Meistens ging ich zu einer Verhandlung, wo ich auf einen der Rechtsvertreter stieß, der mir zum Vorgesetzten erklärt worden war und wo ich zu referieren oder beizusitzen hatte. War es eine Strafsache, hatte der Angeklagte vorzutreten, sich anständig zu benehmen, und es grenzte an Gotteslästerung, wenn er aus Verlegenheit vor dem «hohen Gericht» die Hand in die Hosentasche steckte. Richter, Staatsanwalt und Verteidiger, alle in schwarzen Roben, kannten sich; sie saßen gemeinsam zu Gericht über einen Menschen, der hier zum Objekt ihrer juristischen Betrachtungen wurde. Obwohl es Jahre her ist, erinnere ich mich genau an einen dieser Richter, der einem angeklagten Lastwagenfahrer vorhielt: «Sie können mir doch nichts vormachen, ich war im Kriege Panzerfahrer!» Dementsprechend unnachsichtig fiel dann das Urteil aus.

> Freiheit ist ohne den sozialen Staat nicht möglich. Die Lösung der Quadratur des Kreises kann nur aus dem Geiste mitbürgerlicher und mitmenschlicher Verbundenheit, einem Band der Solidarität erwachsen. *Fritz Bauer (1903–1968, Hessischer Generalstaatsanwalt): Auf der Suche nach dem Recht, 1966*

Wenn ich bei Gericht fertig war, ging ich in die Seminarbibliothek der juristischen Fakultät, wo ich bis gegen zehn Uhr abends an meiner Dissertation über ein rechtsdogmatisches Thema arbeitete. Der Sinn dieser Tätigkeit, die außerordentliche Arbeitsdisziplin verlangte, ging mir zwar immer mehr verloren, zumal die Ansätze zu einer Strafrechtsreform allmählich versandeten; aber ich hatte mir vorgenommen, auf den Doktortitel, diesen beliebtesten aller deutschen Vornamen, aus Gründen der Selbstbestätigung nicht zu verzichten. Oft arbeitete ich auch an den Wochenenden: Es waren Urteile zu schreiben, Gutachten, Anklageschriften, Berichte, gelegentlich auch wissenschaftliche Aufsätze für Fachzeitschriften. Das ging so etwa drei Jahre lang. Diese Zeit habe ich als tot und deprimierend in Erinnerung, obwohl sie mir durch die Tätigkeit bei den unterschiedlichen Gerichten, bei Staatsanwaltschaft und Behörden, sehr viele Einblicke in soziale Verhältnisse und staatliche Steuerungsmechanismen gebracht hat.

Es war dennoch ein Leben sozusagen aus zweiter Hand, mit Akten, Protokollen, Fachliteratur, zeremoniösen Beratungen und Verhandlungen, Mensa- und Kantinenessen, wissenschaftlichen Gesprächen, schriftlichen und mündlichen Prüfungen. Ich kam mir manchmal vor wie eine Figur aus Kafkas Romanen. Diese seltsam künstliche, düstere Atmosphäre bei Gericht und an der juristischen Fakultät ging mir auf die Nerven. Ich lehnte diese Ersatzwelten, in die das wirkliche Leben nur noch in Form von Akten, Fachbüchern und bei Verhandlungen hereinkam, rational und emotional ab. Dagegen verfolgte ich mit großer Sympathie die Berichte über politische Aktionen zum Beispiel der Studenten Teufel und Langhans, die in Berlin in Unterhosen oder im Mao-Look vor Gericht erschienen, und Richter wie Staatsanwälte während der Verhandlung verulkten.

Das blieb naturgemäß nicht ohne Auswirkungen auf mein Verhältnis zu Kollegen und Vorgesetzten. Meine sozialen Erfahrungen waren andere als die der meisten meiner Juristenkollegen. Nach dem Krieg in einem Barackenlager aufgewachsen, hatte ich das Abitur auf dem zweiten Bildungsweg nachgeholt und erst nach einer mehrjährigen beruflichen Tätigkeit in der Verwaltung zu studieren begonnen. Das Studium finanzierte ich mit Gelegenheitsarbeiten als Taxifahrer, Schreibkraft und Tiefbauarbeiter. Insofern vollzogen sich meine Lernprozesse auf einer anderen als der von den Professoren und juristischen Praktikern vorgegebenen Ebene. Fast alle meine Kollegen kamen aus gutbürgerlichen Verhältnissen, die Väter waren ebenfalls Juristen, oder sie waren Ärzte, höhere Beamte, Unternehmer, Lehrer, Offiziere, leitende Angestellte und so weiter. Die meisten dieser Leute – vorwiegend Männer – dachten in bestimmten, schon durch ihre Herkunft und Erziehung festgelegten Kategorien und waren überzeugt davon, dass sie die Weisheit mit Löffeln gefressen und die Wahr-

Zeichnung von Ernst Volland

heit für sich gepachtet hatten. Wer wusste oder wissen konnte, dass eine bestimmte Handlung verboten war, hatte sie gefälligst zu unterlassen; wer seine Miete nicht bezahlen konnte, hatte selber Schuld und unverzüglich die Wohnung zu räumen. Mir kamen dagegen immer mehr Zweifel an diesem System von Rechtsprechung und vor allem an der Art und Weise, wie sie praktiziert wurde.

Der Staat schützt bestimmte Interessen, mit Moral hat dies nichts zu tun. Die Rechtsgeschichte und Rechtsvergleichung lehren uns, wie wandelbar diese Interessen sind. Niemand kann in Abrede stellen, dass zweifelhafte Interessen geschützt wurden und werden; seit Thomas Morus wissen wir, dass viele Interessen klassenbedingt waren und sind. Bisweilen handelt es sich um soziale Ideologien. Es bedarf heute nur eines Hinweises auf den weiten Bereich dessen, was die angelsächsische Kriminologie «white-collar-crime» nennt. Sie versteht darunter beispielsweise die Steuerdelikte und Monopolvergehen, durch die – in aller Regel ungeahndet – Schäden von Millionen und Milliarden entstehen und denen gegenüber so gut wie alle Diebstähle Harmlosigkeiten sind.
Fritz Bauer (1903–1968, Hessischer Generalstaatsanwalt): Der Zweck im Strafrecht, 1954

Immer wieder war ich verblüfft und betroffen über das Selbstbewusstsein, mit dem die Hauptvertreter des Juristenstandes auftraten. Hielt man sich nicht zurück, legte man nicht jedes Wort auf die Goldwaage, konnte man sich jeden Tag aufs Neue auseinander setzen und streiten. Einmal sagte ich dem Kammervorsitzenden beim Landgericht, dass nach meiner Einschätzung kaum jemand seine zahlreichen in die Verhandlungen eingestreuten lateinischen Spruchweisheiten verstünde. «Haben Sie etwa kein Latein gehabt?», fragte er mich erstaunt und mit hochgezogenen Augenbrauen. Anschließend wurde ich eingehend darüber belehrt, wie wichtig für jeden ordentlichen Juristen Lateinkenntnisse seien.

> So kam ich unter die Deutschen. Ich forderte nicht viel und war gefasst, noch weniger zu finden. Demütig kam ich, wie der heimatlose blinde Oedipus zum Tore von Athen, wo ihn der Götterhain empfing; und schöne Seelen ihm begegneten. – Wie anders ging es mir! Barbaren von alters her, durch Fleiß und Wissenschaft und selbst durch Religion barbarischer geworden, tiefunfähig jedes göttlichen Gefühls ... Handwerker siehst du, aber keine Menschen, Denker, aber keine Menschen, Priester, aber keine Menschen, Herrn und Knechte, Jungen und gesetzte Leute, aber keine Menschen – ist das nicht wie ein Schlachtfeld, wo Hände und Arme und alle Glieder zerstückelt untereinander liegen, indessen das vergoss'ne Lebensblut im Sande zerrinnt?
> *Friedrich Hölderlin (1770–1843): Hyperion, 1797–99*

Auf die Politik durfte man sich nicht einlassen. Die Anschauungen der meisten Juristen, die ich kennen lernte, waren unverrückbar: Die Justiz hatte unpolitisch zu sein und war es selbstverständlich; diese linken Spinner an den Universitäten gehörten in die Klapsmühle; wer sauber und ordentlich war, dazu fleißig und tüchtig, konnte es, wenn er wollte, in diesem Land zum Millionär oder Landgerichtspräsidenten bringen. Die meisten der älteren Richter, die innerhalb der Hierarchie an der Spitze standen, waren bereits während der Nazizeit in Amt und Würden gewesen und hatten ihre Karrieren nach 1945 nahezu bruchlos fortgesetzt (darunter Wehrmachtsrichter und Schreibtischmörder). Es war sinnlos und für die Beurteilungen äußerst schädlich, mit ihnen über politische Fragen zu diskutieren. Ausnahmen gab es nur sehr wenige. In dieser Zeit vermochte ich über Monate hinweg mein psychisches Gleichgewicht nur durch die Einnahme von Psychopharmaka zu erhalten.

Es gibt Berufe, die immer verfehlte Berufe sind – zu ihnen gehört die Jurisprudenz gewiss nicht, sie ist nur besonders häufig ein verfehlter Beruf. Der verfehlte Beruf aber ist die größte Sünde, recht eigentlich die Sünde wider den heiligen Geist – wider den eigenen dadurch verkümmerten, verkrüppelten und verrenkten Geist.
Gustav Radbruch (1878–1949, Reichsjustizminister 1921–23): Einführung in die Rechtswissenschaft

Lebhaft vor Augen steht mir noch der Fall eines Zigeuners, der wegen versuchten Mordes angeklagt werden sollte. Aus den umfangreichen Ermittlungen ergab sich folgendes Bild: Ein im Wandergewerbe tätiger Roma hatte eine ihm verwandte Familie besucht, man hatte zusammen gegessen, getrunken und gestritten. Am Ende war der Gast durch einen Kleinkaliberschuss am Bein verletzt worden. Wie sich den polizeilichen Protokollen entnehmen ließ, war der Fall in der betroffenen Sippe schon lange geregelt; man hatte sich wieder vertragen, niemand, außer der Krankenhausverwaltung, hatte die Polizei verständigt. Erst nachdem die Akte auf eine beeindruckende Dicke angewachsen war, wurde das Verfahren schließlich aufgrund der Einsicht eines vernünftigen Richters am Landgericht mit einer schriftlich angeordneten Geldstrafe per Strafbefehl abgeschlossen.

Meine Abneigung gegen die Justiz nahm immer mehr zu. Ich konnte mir nicht vorstellen, mein Leben lang als Jurist zu arbeiten. Ob als Richter, Staatsanwalt oder Rechtsanwalt: in der schwarzen Robe kam ich mir verkleidet, wie meine eigene Karikatur vor. So überlegte ich, wie es weitergehen konnte. Ich nahm mein Soziologie- und Philosophiestudium wieder auf, begann wieder Gedichte und Prosa zu schreiben, zu malen und zu bildhauern, kümmerte mich um ein alternatives Theater und um die Gründung eines Kommunikationszentrums. Daneben promovierte ich 1972 an der Göttinger juristischen Fakultät und legte im Herbst 1973 das zweite juristische Staatsexamen ab.

Ein Zwischenspiel als Rechtsanwalt war sehr erfolgreich, befriedigte mich aber nicht. Statt einer Juristenkarriere begann eine Zeit der Unsicherheit, des Probierens und Experimentierens und des Umherschickens von Texten. Obwohl ich mich jeden Monat fragte, wovon ich im nächsten Monat die Miete bezahlen sollte, fühlte ich mich erheblich wohler als vorher, trotz aller Zweifel und vorübergehender Krisen. Meine ersten Gedichte und Prosatexte wurden veröffentlicht, manche in kleinen Literaturzeitschriften, die nichts dafür bezahlten. Ich lernte andere Autoren kennen, erhielt Hinweise und Anregungen, die Literaturzeitschriften und Feuilletons brachten viele Neuigkeiten. Weitere Texte erschienen, auch Rundfunkarbeiten, Essays und Artikel, es gab Honorare. Ich war unabhängig, hatte niemandem, außer mir, Rechenschaft abzulegen. Eines der ersten von mir veröffentlichten Bücher, in dem ich einige der juristischen Erfahrungen literarisch-satirisch verarbeitete, hieß «Rechts-Sprüche – Texte zum Thema Justiz». Es erschien zuerst in einem Kleinverlag und wurde, nachdem ich einen Preis dafür erhalten hatte, von einem großen Verlagshaus übernommen, wo es mehrere Auflagen erreichte.

> Was man Talent nennt, ist nichts anderes als fortgesetzte harte Arbeit, die richtig gemacht wird.
> *Ernest Hemingway (1898–1961)*

> ... wenn ich gewusst hätte, was es für 'ne Mühe macht, 'n Buch zu schreiben, dann hätte ich's gar nicht erst angefangen ...
> *Mark Twain (urspr. Samuel Langhorne Clemens, 1835–1910): Huckleberry Finns Abenteuer*

Ich war weder kranken- noch altersversichert und Geld wurde zu einem Hauptproblem. Dennoch konnte ich mich nicht dazu entschließen, einen so genannten Brotberuf zu ergreifen, um nebenher dann noch ein bisschen zu schreiben. Dass diese Entscheidung für mich die einzig richtige war, wurde mir erst viel später klar. Jeder Beruf – so auch der des Juristen – prägt den Menschen, der ihn ausübt. Außerdem kostet mich das Schreiben vor allem längerer Texte so viel Kraft und Konzentration, dass mich jede andere Tätigkeit außerordentlich beeinträchtigen würde.

Hinzu kommen die Anfeindungen, Belobigungen, Intrigen, Verrisse, der ganze Wirbel dieses Literatur-, Kultur- und Showbetriebes, mit dem wir es hierzulande zu tun haben und der sich oft eher arbeitshemmend als anspornend auswirkt. Dieses Theater um Künstler und Künstlertum, das Bestsellergeschäft, die Fernsehauftritte, der Vermarktungs- und Starkult. Das war mir immer zuwider. Aber um auf dem Markt überleben zu können, muss man herausragen, man muss zwar nicht unbedingt besser, aber interessanter sein als andere, ein Markenartikel. Hier liegt auch der Grund dafür, dass Schriftsteller untereinander sich in den seltensten Fällen gut verstehen, zusammenarbeiten oder sich unterstützen. Sie sehen sich gewöhnlich als Konkurrenten an, und darin werden sie durch den Marktbetrieb und dieses ganze damit verbundene Getue bestärkt. Das beginnt schon in den örtlichen Zirkeln und Cliquen.

Vielfach werden Ideen auch ganz einfach gestohlen, oder es wird schamlos ab- und umgeschrieben. Manchen Autoren oder Lektoren fällt nichts (mehr) ein; sie schauen nur noch, wo sie etwas für ihre Arbeit Verwertbares finden. So kommt es vor, dass in dem Roman eines Autors zahlreiche Passagen aus Büchern eines Kollegen auftauchen; ein Lektor lehnt ein Manuskript ab und vermittelt die Idee oder den Titel usw. einem ihm nahe stehenden Autor.

Manche Ideen liegen zwar in der Luft, und jeder Autor wird sich hin und wieder dabei ertappen, dass er Gedanken anderer Autoren übernimmt – warum auch nicht. Wenn jedoch Parallelen bis in Einzelheiten hinein auftreten oder sogar seitenweise wörtlich abgeschrieben wird, kann getrost von geistigem Diebstahl, also einem strafrechtlich relevanten Plagiat, ausgegangen werden. Der Urheber fragt sich dann zu Recht, warum seine Arbeit nicht zitiert, sondern vereinnahmt wird. Der Plagiator profitiert schließlich in doppelter Hinsicht: er verdient Geld mit fremder Arbeit und fördert dadurch noch seine Karriere. Es gibt nicht wenige Autoren, die nur da geistreich sind, wo sie Ideen und sogar Formulierungen anderer Autoren übernommen haben. Das kann ganz kurzweilig sein, reicht aber keineswegs aus. Man hört dann das Argument, es sei ohnehin schon alles gedacht und geschrieben worden, was natürlich nur zum Teil stimmt, denn die veränderten Verhältnisse erfordern immer neue Ideen. Aber Originalität, wirkliche Kreativität, ist rar.

Es ist schon alles gesagt worden, nur noch nicht von allen.
Karl Valentin (1882–1948)

Das alles weiß man natürlich nicht, wenn man sich so naiv, wie ich es damals war, auf den Schriftstellerberuf einlässt. Ich erinnere mich noch lebhaft an die Begeisterung, als meine ersten Texte erschienen, und wie ich bei wichtigen Veröffentlichungen in die Stadt lief, um mir die entsprechenden Zeitungen oder Zeitschriften schon bei ihrem Erscheinen zu kaufen, bevor die Belegexemplare kamen. Rundfunksendungen nahm ich auf Band auf, vor Lesungen, Vorträgen, Interviews oder Podiumsdiskussionen bekam ich fürchterliches Lampenfieber. Es dauerte lange, bis Veröffentlichungen und öffentliche Auftritte für mich selbstverständlich wurden und sich mein Hauptaugenmerk auf den Inhalt und dessen Gestaltung richten konnte.

Damals hatte ich das Glück, dass meine Frau, die noch studierte, meine schriftstellerische Tätigkeit akzeptierte. Seit 1978 erschienen dann regelmäßig Bücher von mir, darunter Romane, in der Büchergilde Gutenberg, die von 1924 bis 1998 als gewerkschaftliche Lesegemeinschaft bestand und die auch verlegerisch tätig war. Es folgten Romane, Bilderbücher, Gedichtbände usw. bei Bertelsmann sowie in anderen kleineren und größeren Verlagen. Daneben arbeitete ich weiterhin für nahezu alle Medien. Zum Schreiben von Kinderbüchern wurde ich in den folgenden Jahren immer wieder durch meine eigenen drei Kinder angeregt, die ich arbeitsteilig betreute.

Obwohl Bücher, die in großen Verlagen erscheinen, aufgrund des besseren Vertriebs und umfangreicherer Werbung in der Regel eine weitere Verbreitung finden, ist die Zusammenarbeit mit Kleinverlagen nicht unattraktiv. In den großen Verlagshäusern wechseln häufig die Lektoren, alles ist anonymer; Manuskripte werden ins Außenlektorat gegeben, und der Autor weiß oft gar nicht, wer da über ihn «richtet». Verleger kleinerer Verlage sind dagegen meist engagiert, sie bemühen sich um ihre Autoren, außerdem sind sie risikofreudiger, aufgeschlossener gegenüber ungewöhnlichen Themen und politisch brisanten Aussagen. Insofern können manche Bücher in einem kleinen Verlag gut aufgehoben sein.

Autorenpflege und sorgfältiges Lektorat sind oft zu teuer oder werden «outgesourced» ... Literarische Maßstäbe, inhaltliche Perspektiven fehlen. Anpassung an den Markt ersetzt den verlegerischen Mut.
Klaus Humann, Verleger des Carlsen Verlags, im «Börsenblatt», 3. 7. 1998

In den siebziger Jahren setzte nach Ostverträgen, Reformansätzen der sozialliberalen Regierung und einer zeitweise erstaunlichen Liberalität einzelner Medien und Institutionen die Restauration wieder ein. Das Jahr 1972 hatte den Radikalenerlass gebracht, die Verfassungsschutzämter wurden ausgebaut, das Demonstrationsrecht und die Rechte der Verteidigung im Strafverfahren eingeschränkt, mehrere Mitglieder des Bundestages forderten lautstark die Wiedereinführung der Todesstrafe. Die ersten Bespitzelungsaffären wurden bekannt. In den USA brachte der Watergate-Skandal die Praktiken einer korrupten Regierung ans Licht der Öffentlichkeit. Wenig später verabschiedete der deutsche Bundestag in einer Stimmung allgemeiner Terrorismushysterie die Anti-Terror-Gesetze mit weitreichenden Eingriffsmöglichkeiten der Polizei in das Privatleben von Bürgern. Zum Beispiel konnten jetzt ganze Wohnblocks ohne richterliche Anordnung und auch während der Nachtzeit durchsucht oder die Kontakte zwischen Angeklagtem und Verteidiger vollständig überwacht werden. Das alles bewegte mich, regte mich auf, machte mich rebellisch.

Literatur als wirklichkeitsferne Wortakrobatik genügte mir nicht. Die Studentenbewegung, die Aufbruchstimmung der Jahre 1967/68, die Kundgebungen, Diskussionen und Demonstrationen hatten mich in meinem Denken nachhaltig beeinflusst. Skeptisch geworden gegenüber einer Gesellschaft, die ihr Ziel vor allem darin sieht, einen immer höheren Lebensstandard zu erreichen (was immer man darunter verstehen mag), wuchs in mir das Bedürfnis, Stellung zu nehmen, an der Gestaltung meiner Umwelt teilzuhaben.

Verantwortung ist für uns: die nüchterne Einsicht in die Notwendigkeit gesellschaftlich nützlichen Handelns. Welcher Schreiber aber, ausgezeichnet durch die Fähigkeit zu formulieren und die Möglichkeit zu veröffentlichen, würde sich dieser Notwendigkeit verschließen? – Wer, der nicht, angesichts der schreienden gesellschaftlichen Missstände, in denen er lebt, seine Missbilligung zu Protokoll geben würde, nicht versuchen würde, angesichts von Unordnung, Willkür und Machtmissbrauch alle Möglichkeiten zu nutzen, sie zu beseitigen, – beschreibend an ihrer Veränderung teilzunehmen.
Günter Wallraff, in: Horst Bingel (Hg.): Phantasie und Verantwortung, 1975

Eines Tages fiel mir auf, dass in der Göttinger Innenstadt nach und nach ganze Straßenzüge mit alten Fachwerkhäusern abgerissen worden waren, die bis dahin das Gesicht der Stadt geprägt und mir so etwas wie Heimatgefühl vermittelt hatten. Stattdessen entstanden Warenhäuser, Banken, Versicherungen und Bürogebäude in nüchternem Beton, Metall und Glas. Die Innenstadt degenerierte immer mehr zu einem Spielball von Konzerninteressen, die von der Verwaltung übernommen und durchgesetzt wurden. Die Bodenpreise stiegen ins Unermessliche. Außerhalb der Stadt entstanden Satellitenstädte, in denen die verdrängten Bürger neu angesiedelt wurden und erheblich höhere Mieten zu zahlen hatten. Ich fragte mich, was man machen könne.

Neben meiner Arbeit an einem Roman schrieb ich damals Gedichte, Kurzgeschichten, Erzählungen, Satiren, Essays usw., ich arbeitete für Zeitungen, Zeitschriften und für den Rundfunk. Außerdem gab ich in dieser Zeit eine Broschüre mit dem Titel «Wem gehört die Stadt?» heraus. Diese Streitschrift, in deren Vorwort ich dazu aufrief, den Kommunalpolitikern auf die Sprünge zu helfen, verursachte einen regelrechten Aufruhr, was man sich beim heutigen Stand der Diskussion um Stadtplanung und Altstadtsanierung gar nicht mehr vorstellen kann. Aber gerade deswegen hatte die Schrift Wirkung, ihr Inhalt wurde zur Kenntnis genommen. Ähnliches erlebte ich auch bei anderen Publikationen. Manchmal ist es sehr angebracht, Fragen zuzuspitzen und öffentliche Diskussionen zu veranlassen. Unabhängige Schriftsteller haben den Vorteil, dass sie Stellung nehmen können, ohne gleich von einem Vorgesetzten gerügt oder wegen «innerbetrieblicher Umstellung» entlassen zu werden.

Im Herbst 1979 gab es in Soltau in der Lüneburger Heide einige Aufregung wegen eines Zeitungsartikels von mir. Ich hatte dort vier Monate als so genannter Stadtschreiber verbracht und meine Beobachtungen, Erfahrungen und Beanstandungen für die Wochenzeitung «Die Zeit» aufgeschrieben. Sofort wurde ich öffentlich beschimpft: Der Bürgermeister sprach von Primitivität, der Vorsitzende des Kulturvereins von Agitation, die Bibliotheksleiterin von Undankbarkeit und einer «Literatur unterhalb der Gürtellinie». Dann lud die Lokalzeitung zu einer Lesungs- und Diskussionsveran-

staltung ein – und es kamen mehr als 600 Bürger, darunter sehr viele
Jugendliche. Sie machten ihrem Unmut Luft und bestärkten mich
in meiner Haltung, Missstände beim Namen zu nennen. Die anwesenden Honoratioren schwiegen und hörten zu.

> Literatur muss auch provozieren … Wo sich längst Überholtes verhärtet und sich möglichen Veränderungen widersetzt, wo für absolut gehaltene Wahrheiten sich spreizen und die immer auf Diskussion angewiesene Suche nach ‹Wahrheiten› blockieren, wo Gruppen angemaßte Herrschaft praktizieren und zu befestigen trachten …
> *Karl Otto Conrady: Rede in der Kurt-Schumacher-Akademie, Bad Münstereifel, 1993*

Solche Erfahrungen waren wichtig für mich. Sie haben mich in meiner Arbeit beeinflusst und in meiner politischen Einstellung geprägt. Solche Erfahrungen haben mich auch in meiner Hoffnung bestärkt, dass diese Gesellschaft, in der wir leben und mit der viele von uns nicht zufrieden sind, friedlich veränderbar ist. Man kann etwas tun, heißt das, nicht gleich mit Pflastersteinen, Brandsätzen und Knüppeln, erst recht nicht mit der Maschinenpistole. Unsere Verhältnisse sind andere als in manchen afrikanischen oder osteuropäischen Ländern, als in Süd- und Mittelamerika. Man muss sich für die Vertretung seiner Interessen einsetzen, alle Möglichkeiten, sie wahrzunehmen, nutzen und auch bereit sein, dafür zu streiten. Das, allerdings, ist nicht allein den Schriftstellern überlassen. Und es hat auch nur mittelbar etwas mit Literatur zu tun, zumal jeder Schriftsteller schreibt, wie er es versteht, und jeder Leser liest, was er lesen möchte.

> Die abhängig Beschäftigten und ihre Interessenvertreter müssen sich klar darüber werden, dass das herrschende kapitalistische System ein menschenverachtendes System ist. Die Konsequenz muss sein, dieses System zu überwinden! Diese jederzeit belegbare Erkenntnis ist nicht deshalb falsch, weil die Interessenvertreter des Kapitals sie vehement bekämpfen. Insbesondere die Gewerkschaften müssen aus dieser Situation eine Vision von einer menschlicheren Gesellschaft entwickeln.
> Der Kapitalismus ist nicht das Ende der Geschichte.
> *Franz Kersjes, Vorsitzender des Landesbezirks Nordrhein-Westfalen der Industriegewerkschaft Medien, in: IG Medien Forum 1/2000*

Schriftsteller – was ist das?

Eine Bezeichnung wie Briefmarkensammler

Wenn ich gefragt werde, was ich von Beruf bin, antworte ich also: «Schriftsteller». Das hat fast immer zur Folge, dass die Leute sehr erstaunt, zumeist auch beeindruckt sind. Schriftsteller/Schriftstellerin – ein Markenzeichen, ein Etikett, das etwas Außergewöhnliches verspricht, fast schon ein Titel. Sofort ist die gedankliche Verbindung zu großen Namen wie Goethe, Shakespeare, Balzac, Tolstoi, Fontane, Tucholsky, Brecht oder auch Virginia Woolf, Anna Seghers, Ingeborg Bachmann, Agatha Christie, Doris Lessing hergestellt. Und wo gibt es heutzutage schon noch Menschen, die sich dem üblichen Schema der Berufswelt und dem damit verbundenen Alltagstrott zu entziehen vermögen.

Von vornherein übersehen wird dabei, dass nicht jedes Buch in den Bestsellerlisten erscheint und dass es «Wortproduzenten» für die unterschiedlichsten Medien gibt, zum Beispiel auch die Verfasser von Sexgeschichten, Zombie-Filmdrehbüchern und Adligenstorys oder von Heftromanen wie Landser, Westman, Geliebte Mutti, Dr. Frank und Bergschicksal. Ein Schriftsteller, ein richtiger Schriftsteller, ist nach weit verbreiteter Auffassung jemand, der dicke Romane schreibt, Kurzgeschichten verfasst, lyrische Gedichte, bissige Satiren oder Glossen, vielleicht noch Theaterstücke, Hörspiele, Kindergeschichten oder Drehbücher. Er kann sich seine Zeit frei einteilen, ist unabhängig, nur sich selbst verantwortlich. Das ist ungewöhnlich, fast schon unglaublich.

Nun gibt es diese Art Schriftsteller tatsächlich, wenn auch sehr selten. Denn bekanntlich muss der Mensch von irgendetwas leben, und von den Erträgen literarischer Arbeit zu leben ist nur in weni-

Der Redner entwirft eine glänzende Schilderung des stolzen Glückes, welches die Unabhängigkeit gewähre. Zeichnung von Grandville

gen Fällen und unter besonderen Umständen möglich, worauf noch einzugehen sein wird (siehe S. 100 ff.). Viel häufiger kommt es daher vor, dass die Schriftstellerei – vernünftigerweise, muss man hinzufügen – neben einem Haupt- oder Brotberuf betrieben wird, dann zumeist als Liebhaberei oder als Nebenerwerb, manchmal sogar aus Leidenschaft oder Besessenheit.

Mit der Unterscheidung zwischen hauptberuflichen und nebenberuflichen Schriftstellern lässt sich keinerlei Wertung verbinden. Kafka war Versicherungsangestellter, Storm Amtsrichter, Mörike Pfarrer, Stifter Schulinspektor, Lessing Bibliothekar. Natürlich waren sie daneben, und aus unserer Sicht vor allem, Schriftsteller. Allerdings ist bekannt, dass sie in ständigem Zwiespalt lebten und zum Teil sehr unglücklich mit der Berufstätigkeit waren, die sie ernährte. Und dass hauptberufliche Schriftsteller hinsichtlich Honorarbedingungen, Urheberschutz, Besteuerung oder Sozialversicherung weiter gehende Interessen haben werden als jemand, der durch einen Hauptberuf abgesichert ist, liegt auf der Hand.

Die wirtschaftliche Lage der meisten freiberuflichen Schriftsteller hierzulande hat sich weiter verschlechtert. Die große Mehrheit kann mit den Einnahmen aus Buchveröffentlichungen, Presse- und Rundfunkbeiträgen sowie Honoraren und Lesebeiträgen kaum mehr ihr Existenzminimum decken ... Viele versuchen, in literarisch fernen Brotberufen Zuflucht zu finden ...
Bernt Engelmann (1921–1994) in: «Wir sind so frei», 1984

Also, wenn man eine Journalistin ist, sollte man weiter Journalismus machen. Das ist einfach ganz wichtig, für die finanzielle Absicherung und um den Realitätsbezug nicht zu verlieren. Zudem ist es bei mir so, dass Schreiben sehr vom Alltag zehrt. Ich wüsste nicht, worüber ich schreiben sollte, wenn ich nichts täte ... Ich würde zum Beispiel gerne wieder kellnern gehen ... Schreiben ist ein Experiment und eine große Möglichkeit, das, was das Leben mit einem macht und man im Leben nicht ändern kann, in den Geschichten anders ausgehen zu lassen. Sich-so-ein-Leben-vorstellen. Sich loslösen.
Judith Hermann (geb. 1970) in: BuchJournal Online, Juni 2000

Es lässt sich daher feststellen, dass es den Schriftsteller/die Schriftstellerin gar nicht gibt, dazu sind Motivation, Anlass und das Betätigungsfeld viel zu unterschiedlich. Hinzu kommt, dass in den letzten Jahren nicht nur in Deutschland immer mehr Menschen herausgefunden haben, wie rasch und mühelos sich durch das einfache Zulegen eines solchen «Titels» Ansehen und – zumindest im engeren Lebensbereich – eine Art Sonderstatus erreichen lässt. Die Bezeichnung «Schriftsteller» ist ja nicht geschützt wie Doktor, Diplomingenieur oder Rechtsanwalt. Wie sich jemand Briefmarkensammler nennt, kann sich ein anderer als Schriftsteller bezeichnen.

Wer zehn Gedichte, fünf Kurzgeschichten und ein paar Zeitungsartikel geschrieben hat, die womöglich veröffentlicht worden sind, wer über die Geschichte seines Schützenvereins oder die Entwicklung der Kreissparkasse berichtet, darf sich Schriftsteller, Dichter, Poet, Lyriker, Journalist, Publizist, Privatgelehrter, Texter, Literat usw. nennen. Das Lebensrisiko wird freilich gering gehalten, indem man hauptberuflich möglichst Beamter ist; vielleicht hat man auch reich geheiratet oder geerbt. Der Literatentitel bringt zusätzliches

Prestige. Manche Autoren fördern damit ihre Berufskarriere und benutzen ihre berufliche Stellung wiederum als Tauschwert für Veröffentlichungen – auch das gehört zum Literaturbetrieb.

Andere bezahlen sogar die Druckkosten für ihre Bücher. In großformatigen Anzeigen heißt es: «Verleger sucht Autor!» Oder: «Sie möchten ein Buch schreiben oder herausgeben? Sie haben einen Roman in der Schublade oder einen Einfall ... Wir machen aus Ihrem Manuskript einen Markenartikel.» Das kostet dann zwischen 5000 und 15 000 Euro (während die Herstellung als «Book on Demand» ca. 300 bis 800 Euro kostet). Passend dazu wirbt ein großes Fernlehrinstitut mit Slogans wie: «War es jemals Ihr Wunsch, wie ein Bestsellerautor schreiben zu können?» oder «Die meisten Autoren werden ‹gemacht›, nicht geboren». Ein Lehrgang «Große Schule des Schreibens» kostet zum Beispiel 2375 Euro, ein Lehrgang «Belletristik» 2037 Euro. Man wird ganz einfach Schriftsteller, aus Langeweile, Gewinnstreben, Geltungsbedürfnis, Neugier, vielleicht, weil man sich berufen fühlt.

> Das ist aber eben das Wesen der Dilettanten, dass sie die Schwierigkeiten nicht kennen, die in einer Sache liegen, und dass sie immer etwas unternehmen wollen, wozu sie keine Kräfte haben.
> *Eckermann: Gespräche mit Goethe, Sonntag, den 21. Januar 1827*

Zumeist sind Hochstapeleien auf dem Gebiet der Literatur nur schwer zu durchschauen, weil es keine allgemein verbindlichen Beurteilungsmaßstäbe gibt, bestenfalls untere Grenzen. Die sind aber wiederum fließend, je nach Gattung, Anspruch und Erfolg. Außerdem ist die «Verpackungsindustrie» in der Verlagsbranche so perfekt geworden, dass selbst das Dümmste, Schlechteste und Schlimmste noch zu verkaufen ist, wenn es nur ansprechend aufgemacht und angeboten wird. Der Ertrag ist dann wichtig, nicht der Inhalt.

Zusammenfassend kann man nur sagen, dass Schriftsteller nicht mehr und nicht weniger bedeutet, als dass jemand Texte schreibt und veröffentlicht. Grundsätzlich ist ja auch zu begrüßen, wenn viele Menschen schreiben, kann das Verfassen wie auch das Lesen von Literatur den geistigen Horizont doch erheblich erweitern.

Wer etwas schreibt – und sei es einen Brief, Tagebuch oder ein Lie-

besgedicht – muss sich konzentrieren, Informationen zusammen-
fassen, eventuell nachfragen, sich kundig machen, seine eigene Psy-
che erforschen. Er hält seine Gedanken fest, kann sie rekapitulieren,
überprüfen, gegebenenfalls berichtigen, weiterentwickeln. Das ist
in einer Zeit der Worthülsen und der Oberflächlichkeit nicht hoch
genug einzuschätzen, kann außerdem unterhaltsam und befriedi-
gend sein.

> Werdegang des Schreibenden: Im Anfang ist man's ungewohnt und es
> geht darum wie geschmiert. Aber dann wird's schwerer und immer
> schwerer, und wenn man erst in die Übung kommt, dann wird man
> mit manch einem Satz nicht fertig.
> *Karl Kraus (1874–1936): Anderthalb Wahrheiten. Aphorismen*

Allerdings stöhnen Redakteure und Lektoren über die vielen Manuskripte, Faxe und E-Mails, die ihnen zugesandt werden. Die Lebens-
erinnerungen der Großmutter werden vielleicht die Enkelkinder erfreuen, das Liebesgedicht die Freundin oder den Freund, der
Reisebericht die Daheimgebliebenen – ob sich ein größerer Leser-
kreis dafür interessiert, mag zweifelhaft sein. Insofern ist eine
strenge Selbstkontrolle vonnöten, denn nicht alles, was notiert wird,
eignet sich zur Veröffentlichung. Der Schritt in die Öffentlichkeit ist
nicht ein quantitativer, sondern vielmehr ein qualitativer. Die Person des Schreibenden tritt zurück, die in allen engeren sozialen Ver-
bindungen immer ein Teil des Interesses an Geschriebenem aus-
macht. Das scheint manchem nicht klar zu sein, wie schon ein
flüchtiger Blick in die Internet-Veröffentlichungen beweist. Aber
wer sich dort mitteilt, findet sowohl Erleichterung als auch Resonanz, vor allem in den Chatting-Ecken, und erspart Redaktionen
und Lektoraten unnötige Mühe.

Über die Arbeit, vor allem am Schreibtisch

Gehen wir einmal von jemandem aus, der hauptberuflich Texte von
anerkannt literarischem Niveau verfasst. Die Arbeit eines solchen
Berufsschriftstellers spielt sich überwiegend am Schreibtisch ab, der

gewöhnlich bei ihm zu Hause im Arbeitszimmer stehen wird. Zwar kommt es vor, dass in Kaffeehäusern, Hotelzimmern, Zügen, Wartesälen, Internet-Cafés, Kneipen oder einsamen Berghütten geschrieben wird, womöglich mit Bleistift oder Kugelschreiber. Aber für eine ständige schriftstellerische Arbeit, vor allem an längeren Texten, scheint es doch wichtig zu sein, dass der Autor über einen eigenen, möglichst ruhigen Arbeitsplatz verfügt, an dem und in dessen Nähe ihm die notwendigen Hilfsmittel zur Verfügung stehen wie Wörterbücher, Nachschlagewerke, Computer, Telefon, Fax-Gerät, Kopierer, Bibliothek, Zeitungsarchiv usw. Allerdings bietet die neuere Technik heute Arbeitsmittel (Laptop, Internet, Handy usw.), die das Schreiben überall auf der Welt ermöglichen; davon wird noch zu berichten sein (siehe S. 77 ff.).

Das Verfassen literarischer Texte erfordert Konzentration. Der Schriftsteller wählt den Inhalt und die Worte, er «verdichtet». So zu schreiben, ist eine einsame, einzelgängerische Tätigkeit, auch dann noch, wenn man dabei vom Lärm und von der Bewegung in einem Café umgeben ist, erst recht im Arbeitszimmer am Schreibtisch. Man kann noch so viel über das Schreiben reden, über Literaturästhetik, Pläne und Entwürfe, man kann umherreisen, im Internet surfen, palavern und schwadronieren; alles nützt nichts, solange man nichts zu Papier bringt oder in den Computer tippt. In dieser Phase, soweit es um die erste Ausarbeitung geht, kann einem niemand helfen, weder ein Lektor noch ein Computer. Aus dem Internet kann man sich bestenfalls nützliche Informationen holen, und der Schreibcomputer vereinfacht die handwerkliche Arbeit am Text. Aber die mönchische Zurückgezogenheit hat auch eine durchaus angenehme, meditative Seite.

Lichtenberg hat zu diesem Vorgang der Produktion gesagt: «Jeder, der je geschrieben hat, wird gefunden haben, dass Schreiben immer etwas erweckt, was man vorher nicht deutlich erkannte, ob es gleich in uns lag.» Daneben kann das Schreiben für den Autor ein Weg sein, sich psychisch zu entlasten. Es kann sogar zu einem Zwang werden, und zwar aus den unterschiedlichsten Gründen; das zeigt sich immer wieder, wenn wir die Lebensläufe von Schriftstellern genauer betrachten. So schrieb Hebbel seine ersten Werke in bitterer

Armut. Lenz, Grabbe wie auch Bürger griffen trotz heftiger Anfeindungen beharrlich soziale und politische Missstände ihrer Zeit auf und gingen mit ihrer Arbeit zugrunde. B. Traven («Das Totenschiff», «Der Schatz der Sierra Madre», «Die Baumwollpflücker» usw.) richtete sich dagegen nach vielen Enttäuschungen an seiner Arbeit auf und erlangte in Mexiko, wo er seit 1924 unter verschiedenen Decknamen lebte, aber auch in Deutschland und vielen anderen Ländern, hohes Ansehen.

> Schreiben heißt: an sich arbeiten. Man schreibt, um dahinterzukommen, um zu sich selbst zu kommen, oder auch man ist, bevor man schreibt, dahintergekommen und schreibt das Ergebnis nieder ...
> *Johannes R. Becher (1891–1958): Bekenntnisse, Entdeckungen, Variationen*

Für den, der tagtäglich schreibt und davon lebt, ist Schreiben zuallererst Arbeit, wenn auch eine selbstbestimmte, die viel Spaß machen kann. Was dabei entsteht, ist – neutral formuliert – der Text. Das kann eine scharfsinnige Satire oder eine spannende Abenteuergeschichte sein, ein Kindertheaterstück oder ein Entwicklungsroman, ein Fernsehdrehbuch oder ein Essay, je nachdem. Für manche Werke sind umfangreiche Vorarbeiten und Nachforschungen erforderlich, andere können zügig hingeschrieben werden. Empfindsame Naturlyrik oder Liebesgedichte lassen sich natürlich nicht auf Abruf und nicht jeden Tag schreiben; ihre Entstehung ist von Stimmungen und besonderen Umständen abhängig.
Über die Arbeitsmethoden von Schriftstellern lässt sich Allgemeingültiges nicht sagen. Jeder lebt und arbeitet nach seiner Fasson. Der Arbeitsraum Marcel Prousts war gegen Tageslicht und Außengeräusche hermetisch abgeschlossen. Friedrich Gerstäcker umgab sich in seinem Braunschweiger Haus mit exotischen Waffen, Reiseandenken und Jagdtrophäen (ähnlich später das Arbeitszimmer von Karl May, der übrigens auch Gerstäckers Werke umfangreich plagiierte).

> «Die schriftstellerische Tätigkeit sagte mir allerdings insofern zu, als ich dabei ein vollkommen unabhängiges Leben führen konnte, aber ich hatte selber kaum eine Idee, dass ich je etwas Selbständiges schaffen könne – die einfache Erzählung meiner Erlebnisse ausgenommen. Ich war damals achtundzwanzig Jahre alt, wandte mich Übersetzun-

gen aus dem Englischen zu und verdiente mir dadurch wenigstens meinen Lebensunterhalt. Allerdings kam mir manchmal bei der Übertragung einzelner Erzählungen wohl der Gedanke, dass ich etwas Derartiges auch wohl selber schreiben könne, denn in den vielen Nächten am Lagerfeuer im Walde hatte ich derartige Dinge oft gehört und im Gedächtnis bewahrt, auch viele wunderliche Charaktere selber kennen gelernt. Meine ersten Versuche dahin erzielten aber nur einen sehr geringen Erfolg; ich musste mit meinem Manuskripte von Redaktion zu Redaktion laufen, und dann immer wieder das verwünschte Achselzucken!

Friedrich Gerstäckers Arbeitszimmer. Zeichnung seines Freundes H. König.
Gerstäcker-Museum Braunschweig

Meine erste Erzählung druckte die Brockhaus'sche Buchhandlung im damaligen ‹Pfennig-Magazin› ab, dann nahm die damalige ‹Wiener Zeitschrift› eine größere Erzählung: ‹Die Silbermine in den Ozark-Gebirgen› wie eine zweite: ‹Pantherjagd› an und zahlte mir dafür ein Honorar von – fünf Gulden. Bäuerle von der ‹Theaterzeitung› wollte dagegen eine andere, die er sich jedoch nicht einmal Mühe nahm zu lesen, selbst nicht umsonst in sein Blatt aufnehmen und mir lag doch damals hauptsächlich daran, nur bekannt zu werden ...

Im Jahr 1845 schrieb ich meinen ersten Roman: ‹Die Regulatoren›, der freundlich vom Publikum aufgenommen wurde, aber ich bekam ... nur ein sehr geringes Honorar dafür, und das Jahr 1848 legte nachher fast jede belletristische Unternehmung lahm. Ich hatte mich unter der Zeit verheiratet, fühlte auch, dass ich unter solchen Umständen mit harter Arbeit wohl meine kleine Familie ernähren könne – aber weiter nichts, und lebenslang Übersetzer bleiben? Der Gedanke war mir entsetzlich. Ich fühlte jetzt die Kraft in mir, etwas zu schaffen ...

Was ich alles geschrieben? Ich will Ihren Raum hier nicht mit der Aufzählung meiner verschiedenen Schriften füllen – und wie ich es geschrieben? – Es ist mir von verschiedenen Seiten, und oft sehr vornehm, vorgehalten worden, dass ich ein rein praktischer Mensch wohl, aber kein Gelehrter sei – lieber Gott, es muss auch solche Käuze geben und ich räume das gern ein. Ich habe mich nie in rein wissenschaftlicher Art mit Pflanzen-, Stein- oder Tierkunde beschäftigt, meine Augen dagegen fest auf den Punkt gehalten, der von den meisten Naturforschern auf das gründlichste vernachlässigt ist – auf die Menschen, und zwar auf die Völker, wie sie jetzt auf der Erde leben ...

So alt bin ich freilich geworden, dass ich das Leben, was ich geführt, nicht noch einmal von Anfang an durchkosten möchte, aber ich würde es auch gegen kein anderes der ganzen Welt eintauschen, denn bunt und mannigfaltig war es zur Genüge – ich habe Jahre lang in großen Städten, von Komfort umgeben, und ebenso im wilden Urwalde von Wildfleisch und zuzeiten sogar von Sassafras-Blättern oder einem alten Kakadu gelebt – ich bin Gast von gekrönten Häuptern und Feuermann auf einem Mississippi-Dampfer wie Tagelöhner gewesen, aber ich war stets frei und unabhängig wie der Vogel in der Luft, und mit Lust und Liebe zu meinem Berufe, den ich mir nicht gewählt, sondern in den ich eigentlich hineingewachsen bin, mit einer Fülle von Erinnerungen und noch genug Schaffenskraft, mich ihrer zu erfreuen, ja auch mit dem Bewusstsein, manches Gute getan und manchem Menschen genützt zu haben, fühle ich mich hier an meinem Schreibtische genau so wohl, als ob ich da draußen auf flüchtigem Renner durch die

Pampas hetzte oder unter einem Fruchtbaum am Meeresstrande der donnernden Brandung gegen die Korallenriffe lauschte ... und in diesem Sinne kann ich mich wirklich und wahr einen ‹Schriftsteller von Gottes Gnaden› nennen.»
Friedrich Gerstäcker in: Die Gartenlaube, 1870.

Rainer Maria Rilke schrieb seinen «Cornet» bei zwei im Nachtwind wehenden Kerzen. Heimito von Doderer plante den Ablauf seiner Romane in Form grafischer Übersichten vor. Karl Marx, Vater mehrerer Kinder und Mieter einer zu kleinen Wohnung, arbeitete während seiner Londoner Zeit häufig im Lesesaal der Bibliothek des Britischen Museums. Von Thomas Mann ist bekannt, dass er sehr ungnädig werden konnte, wenn es bei ihm im Hause Kindergeschrei gab und er sich in seiner Konzentration gestört fühlte. Erich Kästner verfasste viele seiner Texte im Kaffeehaus.

Aber der Schriftsteller braucht Anregungen, er braucht Stoff. Den kann er sich nicht allein aus Büchern oder Zeitung und Fernsehen herausholen, auch nicht aus dem Internet, falls er glaubwürdig bleiben will. Er darf sich nicht einigeln, er muss am Leben teilnehmen. Fehlen ihm Kenntnisse über bestimmte Lebensbereiche und -abläufe, die er zu beschreiben hat (weil er sie zum Beispiel im Rahmen eines Romans beschreiben will), muss er sie erkunden, indem er wie ein Journalist recherchiert. Er wird überhaupt gut daran tun, sich allen Anregungen gegenüber offen und seine «Antennen» auf Empfang zu halten.

> ... ich komme nämlich nicht von der Literatur, sondern von der Eigenerfahrung her und würde, wenn man das Wort nicht missbrauchen will, mich zu der Gattung der Notwehrschriftsteller rechnen. Das heißt, ich schreibe, um zu bestehen; ich schreibe, um mir klar zu werden; ich schreibe, um mich auszudrücken – das tönt alles sehr egozentrisch und ist es wahrscheinlich auch, und auch ich habe es lange nicht zugeben wollen und habe mir dann sozusagen eine didaktische Seite zugelegt, die nicht gelogen ist, die aber, wie ich jetzt meine, sekundär ist ...
> *Max Frisch (1911–1991) im Gespräch mit Heinz Ludwig Arnold, «Was bin ich?», Südwestrundfunk, 10. 4. 2001*

Vor allem kommt es darauf an, sich beim Schreiben Zeit zu lassen, es sich nicht verdrießen zu lassen, ein und dasselbe zehn-, zwanzigmal zu verbessern und umzuarbeiten ...
Leo Tolstoi (1828–1910): Briefe 1886–1910

Die Arbeit an Sachbüchern vollzieht sich überwiegend unter den gleichen Bedingungen. Allerdings stehen hier naturgemäß Recherche und Fachwissen im Vordergrund. Außerdem schreiben viele Sachbuchautoren nebenberuflich, das heißt, sie haben zum Beispiel als Wissenschaftler oder Journalisten einen Brotberuf (der nicht selten mit ihrem Thema korrespondiert), sodass die ökonomischen Voraussetzungen oftmals günstiger sind als bei Autoren literarischer Werke. Für die Arbeit am Text gibt es jedoch kaum Unterschiede, denn Kreativität wie Qualität haben ihre eigenen Regeln, die gleichermaßen für jeden gelten, der schreibt.

Alltag eines «Freien»

Ein freier Schriftsteller ist grundsätzlich und theoretisch keinem und zu nichts verpflichtet. Praktisch kommt er jedoch, wie jeder heutzutage, um viele Verpflichtungen nicht herum. Seine erste Pflicht besteht schon darin, dass er (falls er kein Nachtarbeiter ist) morgens und nicht erst mittags aufsteht. Diese Pflicht wird ihm leicht gemacht, wenn er nicht den separaten Flügel einer Villa bewohnt, sondern eine übliche Wohnung und vielleicht noch kleine Kinder hat, die ihn zeitig vor Schulbeginn aus dem Bett werfen. Die zweite Pflicht eines freien Schriftstellers besteht dann darin, dass er nicht am Frühstückstisch hinter seiner Zeitung sitzen bleibt, den ganzen Vormittag Kaffee oder Bier trinkt, sich mit seiner Frau unterhält, Radio hört oder mit den Kindern spielt. Die dritte Pflicht besteht folglich darin, sich noch vor dem Mittagessen an seinen Schreibtisch zu setzen. Und die vierte morgendliche Pflicht ist schließlich die, am Schreibtisch nicht die spannende Lektüre vom Vorabend fortzusetzen, sondern mit der Arbeit zu beginnen.

Die tägliche Arbeit, das ist Korrespondieren, Informationsbeschaffung, Abtippen, Buchführung, Telefonieren mit Verlagen und Redaktionen, Korrekturfahnen lesen, vor allem und immer wieder Schreiben, allein mit sich und seinen Gedanken. Alles andere ist Beiwerk, Hilfsarbeit für das Zustandekommen und Veröffentlichen des Textes. Es zählt allein, was schließlich auf dem Papier steht; und das auch nur dann, wenn es der eigenen Nachprüfung und der des Redakteurs oder des Lektors standhält. Ob der Text vormittags, nachmittags, nachts oder während einer Lesereise geschrieben wurde, ist einerlei.

Sprich vom Geleisteten, wenn du willst, jedoch lies während des Verlaufes der Arbeit nicht daraus vor. Jede Genugtuung, die du dir hierdurch verschaffst, hemmt dein Tempo. Bei der Befolgung dieses Regimes wird der zunehmende Wunsch nach Mitteilung zuletzt ein Motor der Vollendung ... In den Arbeitsumständen suche dem Mittelmaß des Alltags zu entgehen. Halbe Ruhe, von schalen Geräuschen begleitet, entwürdigt. Dagegen vermag die Begleitung einer Etüde oder von Stimmengewirr der Arbeit ebenso bedeutsam zu werden wie die vernehmliche Stille der Nacht. Schärft diese das innere Ohr, so wird jene zum Prüfstein einer Diktion, deren Fülle selbst die exzentrischen Geräusche in sich begräbt ... Mache deine Feder spröde gegen die Eingebung, und sie wird mit der Kraft des Magneten sie an sich ziehen. Je besonnener du mit der Niederschrift eines Einfalls verziehst, desto reifer entfaltet wird er sich dir ausliefern. Die Rede erobert den Gedanken, aber die Schrift beherrscht ihn ... Höre niemals mit Schreiben auf, weil dir nichts mehr einfällt. Es ist ein Gebot der literarischen Ehre, nur dann abzubrechen, wenn ein Termin (eine Mahlzeit, eine Verabredung) einzuhalten oder das Werk beendet ist ... Das Aussetzen der Eingebung fülle aus mit der sauberen Abschrift des Geleisteten. Die Intuition wird darüber erwachen ... Betrachte niemals ein Werk als vollkommen, über dem du nicht einmal vom Abend bis zum hellen Tage gesessen hast.
Walter Benjamin (1892–1940): Die Technik des Schriftstellers in dreizehn Thesen, 1928

Manche Autoren haben feste Arbeitszeiten, andere arbeiten, wie es ihnen gerade passt. Friedrich Schiller soll beispielsweise häufig nachts geschrieben haben. Von Georg Büchner ist bekannt, dass er sein Drama «Dantons Tod» innerhalb weniger Wochen in Klausur geschaffen hat (wobei er ständig seine Verhaftung wegen einer revolutionären Flugschrift, dem «Hessischen Landboten», befürchten musste). Thomas Mann schrieb regelmäßig vormittags, das Mittagessen nahm er gern zusammen mit Gästen ein, anschließend pflegte er sich hinzulegen, nachmittags wurde die Post erledigt. Arno Schmidt arbeitete jahrelang fast rund um die Uhr, vor allem nachts, bis er seinen ersten Herzinfarkt bekam.

> Freiheit ist nicht Müßiggang, sie besteht im freien Gebrauch der Zeit, in der freien Wahl von Arbeit und Tätigkeit: mit einem Wort, frei sein bedeutet nicht Nichtstun, sondern Herr sein über sein Tun und Lassen.
> *Jean de La Bruyère (1645–1696): Die Charaktere oder Die Sitten des Jahrhunderts*

Umfangreiche literarische Arbeiten sind nur zu bewältigen, wenn der Autor über einen längeren Zeitraum konsequent daran schreibt. Das wird selten in völliger Ruhe und Ausgeglichenheit möglich sein. Eine Familie oder Partnerschaft lässt sich nicht nach Belieben ein- und ausschalten, häusliche Pflichten lassen sich nicht über Wochen hinweg beiseite schieben. Lesereisen, Rundfunkaufnahmen, Vorträge, Interviews sind nicht zu umgehen. Die Möglichkeit, sich von Frau, Freundin oder Sekretärin bzw. von Mann, Freund oder Sekretär abschirmen zu lassen, dürfte nicht jeder Autor/jede Autorin haben, und manchen wird so etwas auch nicht liegen. Es gibt Auseinandersetzungen mit Redaktionen, Verlagen, Politikern, Kollegen. Nicht nur sozial und politisch engagierte Autoren haben ständig Anfeindungen zu ertragen; es genügt bereits, Stellung zu nehmen, unmissverständlich seine Meinung zu sagen und zu schreiben. Hier gilt es für jeden Schriftsteller, sich ausreichend Gelegenheit zu konzentrierter Arbeit zu bewahren, ohne die ihm nahe stehenden Menschen dabei durch Egozentrik und Überspanntheiten in Mitleidenschaft zu ziehen. Der Arbeitsplatz zu Hause hat seine Vorteile, aber auch Nachteile.

Ebenso wenig bringt die freie Unternehmereigenschaft nur Vorteile, wie es im ersten Moment scheint. Der Schriftsteller trägt zwar das Risiko, er ist vorleistungspflichtig, zahlt Einkommensteuer und Umsatzsteuer (in Form der Mehrwertsteuer), aber er kann das Entgelt für seine Arbeit zumeist nicht – wie ein Unternehmer – selber bestimmen. Vielmehr werden ihm die Honorare von den Zeitungs- und Zeitschriftenredaktionen, Rundfunk- und Fernsehanstalten fast immer nach dort geltenden Sätzen diktiert. Bei Verlagsverträgen ist eine Provision von zehn Prozent vom Ladenverkaufspreis eines gebundenen Buches noch immer nicht die Regel. Zwar kann sich der Autor verweigern, aber nicht allzu oft. Wird er krank, erhält er weder Lohnfortzahlung noch Krankengeld (von der Künstlersozialkasse – siehe S. 130 – erst nach der 6. Krankheitswoche).

Die Verhandlungen mit den Vermarktern gestalten sich vielfach schwierig und nervlich belastend. Redakteure, Lektoren, Herausgeber und Verleger sind nicht immer wohlwollend. Der Verlagslektor hat seine eigenen Vorstellungen von Literatur, der Feuilletonjournalist seine Vorlieben und Abneigungen, ein Kulturredakteur beim Rundfunk benimmt sich wie der Direktor eines Waschmittelkonzerns. Die Situation des freien Schriftstellers ist ihnen meistens fremd.

> Das Material, das wir brauchen, finden wir im kärglichst ausgestatteten Dorfladen überall in der Welt für ein paar Groschen ... Dagegen der Aufwand, den unsere Produkte bewirken und der mit ihnen erzielt wird. 50 000 Dollar Spesen für eine Reportage aus heiklen Gefilden, Honorar 2000 bis 3000 Dollar. Da fährt ein Art-Direktor, um ein Photo zu besorgen, 1. Klasse nach New York hin und zurück, ein Photo für ein Magazin, in dem eine originalabgedruckte Kurzgeschichte für DM 350,– veröffentlicht wird.
> *Heinrich Böll (1917–1985) in: Die Zeit, 16. 12. 1983*

Schon Buchhalter in Verlagen können sich offenbar nicht vorstellen, dass der Autor auf seine Honorarabrechnung wartet (bekämen sie ihr Weihnachtsgeld auch nur eine Woche verspätet, gingen sie auf die Barrikaden). Die innerbetrieblichen Strukturen haben sich verfestigt, manche der Mitarbeiter in den Institutionen haben nur ihre eigenen Bedürfnisse im Auge. Redakteure, die Autoren bewusst und uneigennützig fördern, sind rar. Nicht selten sind Kulturverwalter und -vermarkter der Meinung, die Autoren lebten von ihnen; dabei profitiert bei Licht betrachtet eine ganze Kulturindustrie mit allen ihren Zulieferbetrieben (bis hin zu Papierfabriken) durch die Arbeit von ein paar tausend Autoren und Künstlern.

> ... all das bewirkt, direkt und indirekt, Milliarden-Umsätze, dieser eine komische Vogel, der noch Mühe hat, sein Arbeitszimmer als steuerab-

zugsfähig genehmigt zu bekommen; der bewirkt das. Ich spreche da aus Erfahrung. Zwei meiner Kurzgeschichten, jede etwa 30 Schreibmaschinenseiten lang, Herstellungskosten einschließlich Porto, um sie auf die Post zu geben, DM 2,80, haben Millionen Umsätze erzielt – für die, die sie verwertet haben.

Heinrich Böll (1917–1985) in: Die Zeit, 16. 12. 1983

Obwohl man, nach einem Wort von Tucholsky, keinem vorschreiben kann, «wo er lang dichten soll», hat doch die Freiheit der Schriftsteller seit jeher ihre Grenzen in den ökonomischen Zwängen gehabt, denen sie unterworfen waren und sind. Schillers katastrophale finanzielle Lage nach seiner Flucht aus Stuttgart ist bekannt. Sein Schauspiel «Die Verschwörung des Fiesko zu Genua» wurde trotz Umarbeitung vom Mannheimer Nationaltheater abgelehnt. Büchner bezog aus seinen literarischen Arbeiten kaum Einnahmen; er floh – steckbrieflich verfolgt – aus Deutschland und starb im Alter von vierundzwanzig Jahren im Schweizer Exil. Thomas Mann ist lange Jahre ohne die Zuschüsse seines Schwiegervaters, des Münchner Mathematikers Alfred Pringsheim, nicht ausgekommen. Arno Schmidt, um dessen literarischen Nachlass teure Prozesse geführt wurden, lebte bis kurz vor seinem Tode in dürftigsten Verhältnissen in einer ausgebauten Heidekate (er hatte dann allerdings das Glück, dass ihm sein Mäzen Jan Philipp Reemtsma einen beträchtlichen Geldbetrag zukommen ließ). Die soziale Situation freier Schriftsteller ist – bis auf wenige Ausnahmen – noch nie besonders gut gewesen; das geht aus verschiedenen Untersuchungen und zahlreichen Stellungnahmen der Autoren und ihrer Verbände hervor.

Ein durchschnittlicher Freier Autor ist – interpretiert man die Daten über wirtschaftliche, berufliche, inhaltliche und vertragliche Abhängigkeit im Zusammenhang – in seiner Arbeit kaum ungebundener als ein durchschnittlicher angestellter Wortproduzent. So wie es einige schreibende Verleger oder bekannte Publizisten und Moderatoren gibt, die ihre Arbeitsbedingungen weitgehend selber festlegen dürfen, so gibt es auch einige Schriftsteller oder freie Mitarbeiter, die – von medienspezifischen Produktionsumständen einmal abgesehen – in ihrer Autorentätigkeit keiner oder nur sehr geringen Einschränkungen unterworfen sind. Das Image vom Autor orientiert sich weitgehend an diesen Außenseitern, während doch die Mehrheit, soweit nicht ohnehin in einem angestelltenähnlichen Arbeitsverhältnis ... tätig, häufig nicht einmal so frei ist, dass sie es sich erlauben kann, Aufträge zurückzuweisen ...

Karla Fohrbeck und Andreas J. Wiesand: Der Autorenreport, 1972

Außerdem wissen wir, «dass nur der, der nichts zu sagen hat, alles sagen darf» (Egon Erwin Kisch: Über die Rolle des Schriftstellers in dieser Zeit). Wer Kritik an bestehenden Verhältnissen äußert, war noch nie gern gesehen. Viele Schriftsteller, die später berühmt wurden, sind zu Lebzeiten ständig drangsaliert und verfolgt worden. In späterer Zeit heißt es dann lakonisch: «Vielleicht hätte der hochbegabte Büchner, der in ‹Leonce und Lena› auch ein feinbeschwingtes kleines Lustspiel geschrieben hat, noch zu reiferen Leistungen gefunden, wenn er nicht so früh dahingerafft worden wäre» (Georg Ried: Wesen und Werden der deutschen Dichtung, 1962). Auch heutzutage haben es diejenigen, die den Mut aufbringen, gegen den Strom zu schwimmen, nicht leicht, davon wird noch die Rede sein (s. S. 91 ff.).

Was ist ein Schriftsteller und was macht er?

Schülerinnen und Schüler einer Hauptschule antworten auf diese Frage:

«Ein Schriftsteller ist ein gesunder Mensch, er ist genau so ein Mensch wie jeder andere. Nur seine Arbeit ist unheimlich schwer ... Man muss auch überlegen, was man schreibt ...» (Schüler, 12 Jahre)

«Vielleicht setzt er sich hin und schreibt, was ihm so einfällt. Vielleicht nimmt er auch seine Träume, um Bücher zu schreiben.» (Schülerin, 13 Jahre)

«Ich meine, dass ein Schriftsteller jemand ist, der Bücher und Artikel schreibt. Aber am meisten glaube ich, dass er sich Gedanken darüber macht, wie er manchen Menschen versucht etwas klar zu machen. Entweder in zweideutigen Sachen oder Fabeln.» (Schüler, 13 Jahre)

«Er schreibt z. B. Comics, Kinderbücher, Jugendbücher und interessante Bücher und Erzählungen, Balladen, Gedichte. Er schreibt auch Bücher, die, wenn man sie liest, dann ist es spannend und man kriegt eine Gänsehaut.» (Schüler, 13 Jahre)

«Ein Schriftsteller ist ein Mann, der sich hinsetzt und seine Phantasie in Bücher steckt ... Manche Schriftsteller, die sehr berühmt sind, sind schon tot.» (Schülerin, 11 Jahre)

«Wenn es ein gutes Buch ist, kann man sich richtig hineinversetzen. Deshalb denke ich, dass er mit einem Buch eine neue kleine Welt schafft.» (Schülerin, 13 Jahre)

«Ein Schriftsteller setzt sich auf einen Stuhl neben einen Schreibtisch und dichtet da meistens die Bücher oder die Texte. Und er lebt meistens in kleinen Wohnungen.» (Schüler, 12 Jahre)

«Man muss dafür viel Phantasie haben und gut in Deutsch sein. Ich glaube, man hat deshalb auch eine unregelmäßige Arbeitszeit, manchmal bis in die Nacht.» (Schüler, 13 Jahre)

«Seine Manuskripte lässt er veröffentlichen. Das Original behält er selber. Damit er vielleicht es dann auch mal liest.» (Schülerin, 11 Jahre)

«... wenn er Geschichten schreibt, konzentriert er sich erst. Dann schreibt er weiter, wenn er weiter schreibt, dann bleibt er beim Schreiben stehen, dann denkt er sich einen Satz aus, dann schreibt er ins Blatt.» (Schüler, 11 Jahre)

«Es gibt auch viele Schriftstellerinnen. Sie tippen jeden Tag und auch am Wochenende in den Computer ...» (Schülerin, 11 Jahre)

«Das dauert ziemlich lange, bis ein Buch fertig ist. Dann freut sich der Schriftsteller, weil er was dafür bekommt. Die ganze Zeit verbringt er mit seinem Computer, und manchmal auch mit seiner Frau und seinen Kindern. Wenn er welche hat.» (Schüler, 12 Jahre)

Das Handwerk mit der Phantasie

Schriftsteller werden wollte ich – mit Unterbrechungen – schon immer. Das Lesen von Büchern machte mir Spaß, und ich verschlang schon als Kind, was ich an Lesbarem in die Hand bekam (das war leider nicht viel). Im Alter von zehn oder elf Jahren schrieb ich meine ersten Gedichte, die ich sorgsam in einer durch Vorhängeschloss abgesicherten alten Munitionskiste versteckt hielt. Wenn ich abends nicht einschlafen konnte, dachte ich mir Geschichten aus; zum Beispiel über einen Jungen – mich –, der mit einem selbst gebauten Segelboot in die Südsee fährt und dort eine unbewohnte oder auch bewohnte Insel entdeckt, die er sich nach und nach erschließt. Diese «Selbsterzählungen» dauerten manchmal bis in die Nacht und wurden an den folgenden Tagen weitergeführt, bis ich zu einem befriedigenden Schluss kam oder durch äußere Umstände abgelenkt wurde. Ich kann mich erinnern, dass ich mir als Kind, auch noch als Jugendlicher, sehr viele solcher Geschichten erzählt habe. Vielleicht sind das bereits die unbewussten Vorübungen für meinen heutigen Schriftstellerberuf gewesen.

> Ich habe nicht geschrieben, um die Welt zu belehren, aufzuklären, was eine schöne und gute Aufgabe ist – habe ich zum Teil auch getan, aber das war nicht der zentrale Impuls –, sondern der ... Spieltrieb, und die Notwehr: also die Gespenster zu bannen an der Wand.
> *Max Frisch (1911–1991) im Gespräch mit Heinz Ludwig Arnold: «Was bin ich?», Südwestrundfunk, 10. 4. 2001*

Später merkte ich, dass man Schreiben, wie jeden Beruf, über Jahre hinweg erlernen muss. Allein mit blühender Phantasie ist es jedenfalls nicht getan, und auch beste Absichten helfen nicht weiter, geschweige denn der Wille, reich und berühmt zu werden. Sich über Wochen hinweg auf einen Rundfunkbeitrag oder mehrere Jahre auf einen Roman zu konzentrieren, liegt nicht jedem. Außerdem ist eine breite Basis an Bildung, Wissen, Erfahrungen (auch Lebenserfahrung) vonnöten, wozu noch Begabung und Neigung kommen sollten – von Genialität wollen wir gar nicht reden. Mir ist erst ganz allmählich bewusst geworden, dass es nicht genügt, sich Geschichten auszudenken, einfach seine Gedanken zu notieren, seine Erlebnisse, oder vielleicht aus einem Hochgefühl oder einer Depression heraus ein paar Sätze zu Papier zu bringen, sie zum Gedicht zu erklären und an eine Redaktion zu schicken. Beim Verfassen von Texten habe ich lange Zeit das Gefühl gehabt, ich übe nur. Es dauerte einige Jahre, in denen ich fast täglich geschrieben habe, bis sich eine handwerkliche Gewandtheit einstellte, die es mir ermöglichte, Gedanken so in Worte zu fassen, dass ich im schriftlichen Ergebnis mein gedankliches Vorhaben verwirklicht, manchmal sogar übertroffen sah.

Ein literarischer Text entsteht im Kopf des Autors. Literatur entwickelt sich aus der Phantasie. Da, wo vorher noch nichts war, ist plötzlich ein Text. Ein weißes Blatt Papier ist beschrieben, eine Geschichte ist erzählt, ein Stück Literatur entstanden. Aber die Anstöße dafür

> ... der Mensch ist ein überwiegend schöpferisches Lebewesen, das dazu verurteilt ist, bewusst nach einem Ziel zu streben und sich mit der Wegebaukunst zu beschäftigen, das heißt, lebenslänglich und ohne Unterlass sich einen Weg anzulegen, ganz gleich, wohin.
> *Fjodor Dostojewski (1821–1881): Der Traum eines lächerlichen Menschen*

kommen – mehr oder weniger – aus der Realität. Das ist zum Beispiel eindeutig bei Schillers «Don Carlos» oder Goethes «Egmont», worin die Epoche Philipps II. von Spanien und der niederländische Freiheitskampf beschrieben werden. Auch Georg Büchner hat für sein Drama «Dantons Tod» geschichtliche Quellen benutzt, zum Teil sogar Reden von Politikern wörtlich übernommen. Den Anstoß für sein Schauspiel «Woyzeck» gab der Mord des Leipziger Friseurs Johann Christian Woyzeck an seiner Geliebten, und mit großer Wahrscheinlichkeit haben Büchner sogar die amtsärztlichen Berichte vorgelegen.

Diese Rückgriffe auf tatsächliche Begebenheiten, Berichte oder Dokumente bedeuten nicht, dass sich der jeweilige Autor streng daran hält; sie geben vielmehr den «Rohstoff» ab, sind oft nur Anknüpfungspunkte für die Phantasie, die einen Text selbständig weiterführt, die auftretenden Personen sich entfalten lässt und Handlungsweisen wie auch Ergebnisse nach Belieben ausformt.

Jeder Autor kennt die Frage: «Haben Sie das selber erlebt?» oder: «Gibt es diese Person tatsächlich?» Dem Leser ist häufig nicht klar, dass real erscheinende Erlebnisse ausgedacht, Romanfiguren der Phantasie entsprungen sein können. Vielfach wird die Hauptperson mit

Herr Zauberer, wenn ich ein geniales Thier bin, so sagt es mir immerhin; ich werde nicht erschrecken darüber. Zeichnung von Grandville

> ... ich möchte wiederholen, dass man am Autobiographischen nicht vorbeikommt, wenn man etwas literarisch wirklich Wertvolles und Bleibendes schaffen will.
> *Thomas Wolfe (1900–1938): Brief an Julian Meade, 1.2.1932*

dem Autor identifiziert, besonders wenn der Leser gewisse Ähnlichkeiten in der Biographie entdeckt. Eine solche wirkliche Identität von Figur und Autor kann gelegentlich vorhanden sein, aber meistens werden sich – selbst in so genannten autobiographischen Romanen – Realität und Phantasie vermischen.

Natürlich siedelt ein Autor, der selber einmal im Tiefbau, in einer Fabrik oder in der Landwirtschaft gearbeitet hat, seine Personen lieber in derartigen Arbeitsbereichen an als zum Beispiel in einer Bank oder in der Verwaltung, von der er keine Ahnung hat. Das bedeutet nicht, der Autor habe – selbst wenn er noch dazu in der Ichform schreibt – einen genau dargestellten Beruf selber ausgeübt oder ein genau beschriebenes Erlebnis selber so gehabt. Aber durch die Einbeziehung von Lebenssphären, die der Schriftsteller gut kennt, erzielt er eine größere Nähe zum wirklichen Leben und er verfügt über viel mehr Anhaltspunkte für seine Phantasie. Ob Schriftsteller in jedem Fall die soziale Wirklichkeit in ihrer Arbeit zu reflektieren haben, ist allerdings ein müßiger Streit; denn jeder muss so schreiben, wie er will und wie er kann.

> Phantasie und gesellschaftliche Verantwortung: Das ist, auf den ersten Blick, ein Begriffspaar wie Himmel und Hölle, Feuer und Wasser, Kunst und Natur ... Da wird «Ästhetik» gegen «Politik», «Distanz» gegen «Propaganda», «Verweigerung» gegen «Parteilichkeit», die «totale Negation» gegen die so genannte «richtige Gesinnung» ausgespielt; da werfen die einen den anderen vor, die These «Kunst ist auf Politik abzustellen» verriete die Kunst, und die anderen antworten den einen, es sei immer noch besser, die Kunst als – durch eine Ästhetisierung des Politischen – den sozialen Auftrag der Literatur zu verraten.
> *Walter Jens: Zwischen l'art pour l'art und Agitprop. In: Horst Bingel (Hg.): Phantasie und Verantwortung, 1975*

Aufsehen gab es vor Jahren regelmäßig nach den Veröffentlichungen von Günter Wallraff, der – etwa in der Tradition Egon Erwin Kischs – Reportagen aus der Arbeitswelt geschrieben und zum Beispiel über seine Tätigkeit unter einem Tarnnamen in der «Bildzeitung»-Redaktion Hannover berichtet hat («Der Aufmacher», 1977) oder über seine Einblicke als «Türke Ali» bei Thyssen in Duisburg («Ganz unten», 1985). Wallraff wurde deswegen scharf angegriffen und musste mehrere Prozesse führen. Vielfach ist darüber gestritten worden, ob es sich hierbei um Literatur handelt oder vielmehr um Journalismus. Das sind jedoch eher Probleme für Literaturwissenschaftler, unter denen sich im Übrigen seit einiger Zeit der Begriff «dokumentarische Literatur» eingebürgert hat.

> Produktive Phantasie entwickeln bedeutet, sich in die Lage von andern versetzen können, aus sich herausgehen, teilhaben und teilnehmen an den Problemen der «meisten Leute», um über andere auch zu sich selbst zu finden. Entwickeln wir die Fähigkeit und Phantasie, aus den trockenen Zahlen der Statistik sinnlich fassbare und nachvollziehbare Beschwerden und Anklageschriften zu formulieren. Der sich verän-

dernden Wirklichkeit müssen wir mit neuen Darstellungsarten beizu-
kommen versuchen.
Günter Wallraff: Autoren – Radikale im öffentlichen Dienst. In: Horst Bingel
(Hg.): Phantasie und Verantwortung, 1975

Auch Thomas Mann, der viele Anregungen aus seiner direkten Umgebung bezog, wurde deswegen wiederholt angefeindet. Man nahm
manches als Tatsache, was literarische Erfindung war. Nach dem Erscheinen der «Buddenbrooks» wurde Mann in Lübecker Patrizier-
kreisen als «Nestbeschmutzer» beschimpft; und die Novelle
«Wälsungenblut» durfte zunächst nicht erscheinen, weil sie das
Missfallen seines Schwiegervaters erregt hatte, der die Beschreibung
eines inzestuösen Verhältnisses zwischen Geschwistern, in denen
Außenstehende Manns Ehefrau Katia und deren Bruder Klaus vermuten konnten, als einen Skandal empfand.

Katia Mann hat später die autobiographische Deutung der Arbeiten ihres Mannes als «schon rein psychologisch vollkommen blödsinnig» zurückgewiesen: «Wenn Thomas Mann den Eindruck gehabt hätte, zwischen mir und meinem Bruder bestünde eine
unerlaubte Beziehung, hätte er sich sofort von mir getrennt oder es
verschwiegen, aber es doch nicht in einer Novelle der Welt bekannt
gegeben. Es war sonnenklar, dass etwas Derartiges nicht bestanden
haben konnte. Aber wie die Leute dann sind. Es war ein furchtbarer
Klatsch, er kam an meine Eltern heran. Mein Vater war ganz außer
sich ...»

Die Arbeitsweise Thomas Manns hat sie wie folgt beschrieben:
«Wenn er ein Buch schrieb, so vertiefte er sich ungeheuerlich in seinen jeweiligen Gegenstand und studierte viel und stets noch, während er daran saß. Er verschaffte sich alles Wissenswerte, beschaffte
sich eine Menge Material, doch sowie das Buch fertig war, hatte er
alles bald wieder vergessen. Er interessierte sich nicht mehr dafür.
Zur Zeit des ‹Doktor Faustus› war er, neben anderem, ein großer Mu-
siktheoretiker, zur Zeit des ‹Joseph› ein großer Ägyptologe, Orienta-
list und Religionswissenschaftler, ein Mediziner für den ‹Zauber-
berg› – aber merkwürdig rasch vergaß er alle seine Hilfsmittel wie
seine Kenntnisse» (Katia Mann: Meine ungeschriebenen Memoiren,
1976).

Aber er hatte die Würde gewonnen, nach welcher, wie er behauptete, jedem großen Talente ein natürlicher Drang und Stachel eingeboren ist, ja, man kann sagen, dass seine ganze Entwicklung ein bewusster und trotziger, alle Hemmungen des Zweifels und der Ironie zurücklassender Aufstieg zur Würde gewesen war ... Auch persönlich genommen ist ja die Kunst ein erhöhtes Leben.
Thomas Mann (1875–1955): Der Tod in Venedig

Weniger deutlich sind solche Realitätsbezüge dagegen bei Franz Kafka zu erkennen. Sein Roman «Der Prozess» ist jedoch nicht ohne die damalige Justizpraxis denkbar, seine Erzählung «In der Strafkolonie» nicht ohne die damals in verschiedenen Ländern übliche Strafe der Deportation; und große Teile des Gesamtwerks können – schaut man genauer hin – nicht unabhängig von Kafkas Tätigkeit bei der Arbeiter-Unfall-Versicherungs-Anstalt in Prag gesehen werden. In direkter Beschreibung wollte er auf die von ihm wahrgenommene Arbeitswelt nicht eingehen, hätte er doch seine soziale Existenz riskiert und wäre der totalen Diffamierung anheim gefallen. Er hat sich also dadurch geholfen, dass er seine Wahrnehmungen der sozialen Wirklichkeit verschlüsselte. Auf diese Weise entstanden Bücher wie aus einer Traumwelt, es prägte sich ein bestimmter Stil. Wir kennen inzwischen sogar als Adjektiv die Bezeichnung «kafkaesk».

Ein Text wird gemacht

Die Technik des Schreibens und des Aufbaus von Texten ist erlernbar. Nehmen wir einmal an, wir beabsichtigen einen Roman für Jugendliche zu schreiben. Dieses Vorhaben müsste von vornherein so angelegt sein, dass nicht schon nach wenigen Seiten ein Ende erreicht ist. Der Roman müsste außerdem für Jugendliche von Interesse und für sie verständlich abgefasst sein. Wir könnten uns also ein Thema suchen, zum Beispiel Drogenabhängigkeit, Magersucht, Rechtsradikalismus, Patchwork-Familien, Outfit-Terror oder Ponyzucht oder Jugendkriminalität. Dazu gibt es Sach- und Fachbücher, aus denen wir uns informieren könnten, bestimmt findet sich auch einiges im Internet. Womöglich wäre sogar eine Jugendamts- oder

Gerichtsakte, eine Reportage oder Dokumentation zum Thema zu beschaffen, um harte Fakten und reale Ereignisse parat zu haben. So ließe sich ein passabler Roman basteln, zumal man über alles schreiben kann, es fragt sich nur, wie.

Besser wäre es allerdings, das Thema hätte uns gefunden: etwas zunächst noch nicht in Worte zu Fassendes wäre über längere Zeit in uns gewachsen, hätte uns beschäftigt, immer und immer wieder, und zur Gestaltung gedrängt. Selbst bei einer Auftragsarbeit – soweit man sich darauf einzulassen vermag – sollten wir jedenfalls von eigenen Erfahrungen ausgehen können oder wenigstens Einblick in die Szene und entsprechende Kontakte haben. Die handwerkliche Arbeit würde damit beginnen, dass wir dann um unser Thema herum möglichst viele Informationen sammeln, Beteiligte und Experten befragen, ins Internet schauen, Strukturpläne aufstellen, Handlungsskizzen anlegen und uns Gedanken über das Personal machen, das wir schließlich zum Leben erwecken.

> Ein Buch schreiben ist ein Handwerk, nicht anders wie eine Uhr anfertigen: es gehört mehr dazu als bloß Geist, um ein Schriftsteller zu sein.
> *Jean de La Bruyère (1645–1696): Die Charaktere oder Die Sitten des Jahrhunderts*

> Der Grund dafür, ein Stück Prosa zu vollenden, während es wächst – jeden Satz zu sichern, bevor darauf gebaut wird –, ist, dass schöpferisches Schreiben eine Form hervorbringt.
> *Annie Dillard: Ich schreibe, 1989*

Personen entstehen

Wir könnten aber auch mit einer oder mehreren Personen einfach beginnen, sie reden, denken und handeln lassen, ihre Umgebung und ihren Umgang beschreiben, bis sich daraus immer mehr eine Geschichte ergibt, die sich weiterentwickeln lässt und von der wir anfangs noch gar nicht wissen, wohin sie uns führen und wie sie enden wird. Natürlich wäre auch bei dieser Vorgehensweise erforderlich, dass wir uns in der jeweiligen Szene auskennen, dass wir also über die nötigen Informationen verfügen beziehungsweise sie uns mit fortschreitender Handlung jeweils beschaffen.

In unserer so begonnenen Geschichte könnten ein Junge und ein Mädchen die Hauptpersonen sein; vielleicht ginge es überhaupt um ihr Verhältnis zueinander. Der Junge könnte Philipp heißen und das Mädchen Kathrin.

Musik, Malerei, Literatur – und wie gründlich vorbedacht und sorgfältig geplant das Werk auch immer war, im Moment der Gestaltung ist es in jedem seiner Teile Versuch, Experiment, ein Tasten im Dunkel, ein Sprung ins Leere, das wir mit unseren Worten, mit Tönen und Farben ausfüllen wollen.
Bodo Uhse (1904–1963): Sonntagsträumerei in der Alameda

Nachdem die Namen gefunden sind, kann das erste Kapitel beginnen. Philipp und Kathrin, die sich aus der Schule kennen, treffen sich, zum Beispiel auf der Straße. Wir lassen die beiden aufeinander zugehen; und weil Philipp Hemmungen hat, lassen wir Kathrin ihn ansprechen: «Hallo, Philipp! Ich habe gerade Taschengeld bekommen, ich lade dich zu einer Cola ein.» Schräg gegenüber befindet sich ein Lokal, auf das wir die beiden zugehen lassen. Und während sie noch auf dem Wege sind, während sie quer über die Straße gehen, können wir – das haben wir in der Hand – ein Auto kommen

Ich bin, antwortete der Unbekannte, der große Dichter Kakatogan. Zeichnung von Grandville

lassen, das Philipp anfährt. Er ist unsere Figur, was geschieht, steht in unserem Belieben. Wir können ihn lachen, weinen, sich verlieben, weglaufen und sogar sterben lassen.

Agenten und Eierhandgranaten

Würden wir zu den Autoren gehören, für die es beim Schreiben von Büchern vor allem auf den finanziellen Erfolg ankommt, müssten wir möglichst rasch zu den gängigen Klischees gelangen, die offenbar immer wieder gern gelesen werden. In diesem Fall würde sich Philipp, der verletzt ins Krankenhaus eingeliefert wurde, spontan in die junge hübsche Schwesternschülerin verlieben (er soll etwa siebzehn sein), die aber bereits ein Verhältnis mit dem jungen attraktiven Assistenzarzt hat. Gegen dessen gepflegtes Oberlippenbärtchen, ansehnliches Monatseinkommen, Doktortitel und Sportflitzer kommt Philipp nicht an; eigentlich sind er und Kathrin jetzt schon überflüssig. Ein Arzt-Krankenschwester-Roman bahnt sich an.

Denkbar wäre aber auch ein Agentenroman. Denn selbstverständlich wäre der Chefarzt des Krankenhauses ein gefährlicher Spion. Und der Assistenzarzt könnte der clevere Gegenagent sein, der den anderen überführen und verhaften soll. Es entwickelt sich eine wilde Verfolgungsjagd durch Keller, Krankenhausbetten und Leichenhalle. Zum Schluss bewerfen sich die Spione mit Eierhandgranaten durch ein Toilettenfenster. Manche Leser finden so etwas äußerst spannend, vor allem: Sie kaufen so etwas.

Man hat festgestellt, statistisch, dass das Durchschnittseinkommen eines deutschen Schriftstellers bei monatlich 800 Mark liegt. Bei irgendeiner Diskussion ... wurde auch ein Kollege von mir gefragt: Können Sie von Ihrer schriftstellerischen Arbeit leben? Und der Kollege – ... er hat in Deutschland einen bekannten Namen – der Kollege sagte: Nein, das kann ich nicht; wenn ich nicht rumreisen würde, Vorträge halten, aus meinen Büchern lesen und hätte auch sonst nicht andere Arbeiten angenommen, könnte ich von meinen Büchern hier in Deutschland nicht leben ... Ja, da kann ich nur sagen: ... Dann müsste man in fünf Jahren eben mehr schreiben als zwei Bücher.
Heinz G. Konsalik (1921–1999): Leben und Werk eines Bestsellerautors, 1981

Die Geschichte könnte vielleicht nach Flucht und Hubschrauberab-
sturz ihre Fortsetzung in der Taiga finden, wo der bösartige Chefarzt-
spion auf eine einsame Jurte stößt, in der ein schwarzhaariges, glut-
äugiges Hirtenmädchen einsam mit ihrem blinden Vater lebt. Der
Chefarzt verliebt sich natürlich in das Mädchen, das nichts von ihm
wissen will. Und gerade zur rechten Zeit landet der sympathische
Assistenzarztspion mit dem Fallschirm, verliebt sich ebenfalls und
das erfolgreich. Sprachprobleme spielen sowieso keine Rolle, denn
die Sprache der Liebe und der Waffen sind in einem solchen Buch
international. Die Verfolgungsjagd geht weiter, zuerst bis Moskau,
dann durch Kasachstan in die Innere Mongolei und über China,
Thailand und Australien nach Amerika. So können wir es auf mehrere Fortsetzungsromane bringen.

> Das Geschäft boomt. Rund 300 Millionen Groschenromane lesen die
> Bundesbürger im Jahr, ... sie kosten zwischen 2,30 und 3,50 Mark. Die
> Leser kommen – wie Untersuchungen belegen – aus allen Schichten.
> Die meisten sind älter als dreißig Jahre ...
> *Rheinischer Merkur, 16. 7. 1999*

Ein gutes Buch schreiben – aber wie?

Aber wie können wir das begonnene Buch auf eine Weise weiterfüh-
ren, dass es einerseits für Jugendliche lesenswert ist, andererseits
kein seichtes – wenn auch vordergründig spannendes – Geschwafel
enthält? Wir könnten zum Beispiel Philipp und Kathrin auf der anderen Straßenseite ankommen lassen; und während sie auf das Lokal zugehen, treffen sie Kathrins Mutter. Es könnte sich eine Auseinandersetzung entwickeln, die Kathrin peinlich ist (Mutter: «Schön,
dass man dich auch mal wieder trifft!»), sodass sie mit Philipp ab-
haut.

Im Lokal erzählt Kathrin vielleicht von ihren Schwierigkeiten zu
Hause, dass ihre Eltern sich gerade scheiden lassen und sie weg will.
Philipp könnte sich entschließen, ebenfalls von zu Hause wegzulau-
fen. Wir lassen die beiden ihre heimlichen Vorbereitungen treffen
und begleiten sie in eine Großstadt, wo sie vergeblich Fuß zu fassen
versuchen.

... alles, was das Publikum von einem Schriftsteller, der ohne zu weit getriebene Ansprüche auftritt, fordern kann, ist, dass er durch seine Werke nichts dazu beitrage, Korruption, Dummheit und Intoleranz zu verbreiten.

Adolph Freiherr Knigge (1752–1796): Über den Umgang mit Menschen

Auch wenn man sich dazu entschließt, so einfach wie möglich zu schreiben, etwa wie Hemingway, bleibt die Aufgabe, die Nuancen herauszuarbeiten, das Komplizierte aufzuhellen, die Widersprüche darzustellen. Und nicht, die Widersprüche wegzuwischen, die Widersprüche zu leugnen, sondern zu forschen, wo innerhalb der Widersprüche der gepeinigte Mensch zu finden ist.

Philip Roth (Pulitzer-Preis 1998): Mein Mann, der Kommunist, 1998

Oder es kommt im Lokal zu einem Streit zwischen dem Geschäftsführer und einigen Ausländern, die nicht bedient werden sollen, weil sie angeblich zu wenig verzehren und zu viel «palavern». Unter den Ausländern könnte sich ein Klassenkamerad von Philipp und Kathrin befinden, dem sie helfen wollen. Auf diese Weise werden sie in den Streit verwickelt und ebenfalls aus dem Lokal gewiesen. Sie könnten sich entschließen, den Ausländern bei der Durchsetzung ihrer Rechte zur Seite zu stehen. Dabei entstünden Auseinandersetzungen in der Schule und im Elternhaus; womöglich würden sich einige Lehrer und Eltern aber auch hilfsbereit zeigen. Vielleicht wäre diese Geschichte ebenso spannend wie die von den beiden Spionen, nur nicht so blödsinnig. Wir könnten sogar auf Berichte über Diskriminierung von Ausländern in Zeitungen und Zeitschriften zurückgreifen, um uns für unseren Roman weitere Anregungen zu holen.

Dabei müsste nicht unbedingt ein so genanntes Problembuch herauskommen, in dem es nur um ein Thema ginge, in diesem Fall um Ausländerfeindlichkeit. Vielmehr könnte ein einladender und differenzierter Jugendroman (wie man im Allgemeinen Romane für Jugendliche zu nennen pflegt) entstehen.

Hier und da ist allerdings die – unter ethischem Aspekt ehrenwerte – Meinung zu hören, niemand könne letztlich von guten oder schlechten Büchern sprechen, da schließlich jeder Autor und jeder Leser seinen eigenen Geschmack habe. Daniel Pennac schreibt dazu in seinem Buch «Wie ein Roman» (Köln 1994): «Trotzdem gibt es gute und schlechte Romane ... eine ‹industrielle Literatur› ..., die sich damit begnügt, die gleichen Erzählformen endlos zu reproduzieren, Klischees vom Fließband ausspuckt, mit guten Gefühlen und großen Empfindungen handelt, auf jeden vom Tagesgeschehen gelieferten Anlass aufspringt, um ein Gelegenheitsepos auszubrüten, ‹Marktanalysen› betreibt, um je nach ‹Konjunktur› ein bestimmtes ‹Produkt› zu schmieden, das eine bestimmte Kategorie von Lesern begeistern soll.» Das sind – so Pennac – mit Sicherheit schlechte Romane. «Warum? Weil sie nicht auf schöpferisches Schreiben zurückgehen, sondern auf die Reproduktion vorgefertigter ‹Formen›, weil sie mit Vereinfachung (das heißt Lüge) operieren, während der Roman die Kunst der Wahrheit (das heißt der Komplexität) ist, weil sie unsere automatischen Reaktionen bedienen und damit unsere Neugier einschläfern, schließlich und hauptsächlich weil der Verfasser nicht darin zu finden ist noch die Realität, die er uns zu beschreiben vorgibt.»

Leider ist diese von Pennac beschriebene Literatur noch häufiger geworden, und das liegt nicht nur an der Unfähigkeit oder dem Opportunismus der Autoren. Es gibt immer mehr Vorgaben, Bevormundungen und Vorschriften der Verlage für die Autoren: Schreiben Sie dies oder das, soundso lang bis zum soundso vielten. Bücher müssen in Reihen passen, in Programme sowieso, Autoren sollen dem jeweiligen Geschmack des Verlegers oder Lektors gerecht werden, seit einigen Jahren oft auch noch dem des Vertriebsleiters und der Verlagsvertreter, die unter Marketing-Gesichtspunkten über Titel mit entscheiden, zum Teil sogar Manuskripte «anlesen» und Empfehlungen aussprechen.

Aber Kreativität lässt sich nicht auf diese Weise steuern, kalkulieren und nach Bedarf abrufen. Das scheint nur wenigen Vermarktern bewusst zu sein. Längst gilt auch nicht mehr die goldene Regel für Lektoren, so wenig wie möglich, so viel wie nötig in ein Manuskript einzugreifen. Auf der anderen Seite müssen sich Lektoren und Redakteure ständig mit den dilettantischen Absonderungen und naiven Vorstellungen von Möchtegernautoren auseinander setzen, mit der Exzentrik mancher gestandener Autoren sowieso. Nicht selten werden Manuskripte erst dadurch brauchbar oder besonders gut, dass ein Lektor oder Redakteur viel Zeit und Energie investiert. Und dass qualitätsvolle Bücher eines qualifizierten Lektorats bedürfen, ist selbstverständlich, bedauerlicherweise jedoch nicht mehr die Regel. Denn auch in Verlagen herrscht heute, wie in vielen Wirtschaftsunternehmen, Personalknappheit.

Auch renommierte Schriftsteller/innen bekommen Absagen:

«Noch einmal vielen Dank für ... Das Thema ist ja leider ein sehr realitätsnahes ... Dennoch werde ich es nicht ins Programm nehmen, da die Zielgruppe nur in verschwindend kleiner Zahl vorhanden ist.»

«Mit Schmunzeln habe ich Ihr Manuskript gelesen. Aber Sie verstehen sicher, dass wir uns den Schuh nicht anziehen und dem Publikum nicht weismachen möchten, dass es bei uns tatsächlich so zugeht.»

«Wir werden den Roman nicht publizieren können, weil wir seit geraumer Zeit eine Verlagspolitik fahren, die dies nicht (mehr) erlaubt: Zum einen publizieren wir in dieser Altersgruppe zurzeit nur Mädchenbücher (weibliche Protagonisten), zum anderen ist vor allem aus ökonomischen Erwägungen heraus die Abkehr von problemorientierter Literatur gewünscht.»

«Meinen Haupteinwand könnte ich etwa folgendermaßen formulieren: Je länger man liest, desto deutlicher reduziert sich der Text auf die exemplarische Entlarvung des deutschen Kapitalismus ... Sie werden einen anderen Verlag finden.»

«Ich habe Ihnen ja schon am Telefon gesagt, dass mir die Tendenz des Buches und die Haltung des Autors sympathisch sind. Dennoch habe ich mich jetzt entschlossen, dieses Projekt abzusagen, da ich glaube, dass veränderte gesellschaftlich-politische Bedingungen und ein entsprechendes Bewusstsein keinen günstigen Aufnahmeboden für Ihr Werk abgeben. Überspitzt gesagt, glaube ich an einen ‹Achtungserfolg›, eine freundliche Aufnahme bei der Kritik, aber eben nicht an eine Wirkung bei einem größeren Publikum. Und davor schrecke ich, so wie die Dinge liegen, zurück. Das ist keine leichte Entscheidung, weil ich auch von der sprachlichen und handwerklichen Qualität Ihres Textes angetan war. Ich hoffe, Sie finden eine andere Möglichkeit der Veröffentlichung.»

Von der Sprache abhängig

«Wie geht das eigentlich mit dem Schreiben?», wird der Autor gefragt, und damit ist meistens die formale Seite angesprochen. «Müssen Sie dabei viel überlegen, oder fallen Ihnen die Worte einfach so zu? Ist es ein Unterschied, ob Sie für Kinder und Jugendliche oder für Erwachsene schreiben? Woher nehmen Sie Ihre speziellen Kenntnisse, zum Beispiel wie Kinder und Jugendliche oder bestimmte Leute sprechen? Spielen Sprach-Überlegungen für Autoren von Kinder- und Jugendliteratur eine größere Rolle als für andere Autoren? Welche Voraussetzungen braucht man zum Schreiben? Und was macht die Qualität eines Textes dann eigentlich aus?» Immer wieder dieselben Fragen, sie sind offenbar von allgemeinem Interesse. Wie geht das also, die Schrift stellen und verdichten – das Handwerk mit der Phantasie?

Die deutsche Sprache ist reich, die Wahl der richtigen Wörter oft recht mühsam. Nicht immer löst der Thesaurus im Computer die Probleme. Wir können in die Stadt gehen, schlendern, bummeln, trotten, pilgern, wandern, laufen ..., wir können uns in die Stadt begeben, uns ihr zuwenden, dort zu tun haben, die Richtung einschlagen ... Wir können ärgerlich, aufgebracht, empört, entrüstet, erbost, ungehalten, verstimmt, missmutig oder verdrossen sein. Es ist auch ein deutlicher Unterschied in der Sprachqualität, ob ich «sehr früh» aufgestanden bin oder «zu nachtschlafender Zeit». Die richtige Wortwahl ist ausschlaggebend für das Gelingen eines Textes.

Insofern ist die immer wieder heftig aufflammende Debatte um die Rechtschreibreform eher nebensächlich. Sprache entwickelt sich, und es hat sich erwiesen, dass es unmöglich ist, ausnahmslos logisch nachvollziehbare oder etymologisch begründbare Regeln aufzustellen. Daher sollte die Rechtschreibung zwar Regeln setzen, die jedoch nicht zu eng gefasst werden dürfen; vor allem bei der Zusammen- und Getrennt-, der Groß- und Kleinschreibung wäre wohl eine weitgehende Liberalisierung, das heißt Zulassung alternativer Schreibweisen, angebracht. Im Übrigen war der Verband deutscher Schriftsteller schon seit längerem für die Einführung gemäßigter Kleinschreibung, wie sie in den meisten europäischen Nachbarstaaten praktiziert wird, und für die Abschaffung des Eszett, so wie in der Schweiz. Die Häufung von Konsonanten (Beispiel: Sauerstoffflasche) sowie von Satzzeichen (z. B. Fragezeichen, Anführungszeichen und Komma hintereinander) wird überwiegend als Perfektionismus angesehen. Aber letztlich zählen nicht Satzzeichen und Schreibweisen von Wörtern, sondern Inhalt und Stil.

Also geht es darum, das zu Papier zu bringen oder in den Computer einzugeben, was sich in Gedanken vorbereitet. «Man kann Sätze nicht machen, man kann sie nur entgegennehmen oder ablehnen», sagt Martin Walser. «Sie fallen einem ja ein.» Aber man kann daran arbeiten. Sätze fügen sich zu einem Text, der wiederum bearbeitet werden kann. Genauigkeit spielt dabei eine große Rolle, die durch die Verwendung entsprechender Ausdrücke, Wörter mit geeigneten Vokalen und Konsonanten (Ruhe ist nicht Stille, schreien ist nicht rufen), wie auch durch die Syntax, durch Wiederholungen, Reihungen, Metaphern usw. erreicht wird; einmal abgesehen von den Inhalten und einer eventuellen Handlung. Auf diese Weise lässt sich auch eine bestimmte Atmosphäre erzeugen, die sich dem Leser über die Ästhetik des Formalen hinaus mitteilt. Nun sind das Idealvorstellungen; in der Praxis geht es um Annäherungen, vieles geschieht intuitiv, je nach Talent und Sprachbegabung.

> Wir Dichter sind von der Sprache abhängig, sie ist unser Werkzeug, dessen Beherrschung keinem Einzelnen je gelingt; wenigstens kann ich von mir sagen, dass ich seit meinem Eintritt in die Schule vor mehr als siebzig Jahren nichts anderes so zäh und fortdauernd getrieben habe wie die Bemühung um die Kenntnis und Beherrschung der deutschen Sprache und dass ich mir darin immer noch wie ein staunender Anfänger vorkomme, der sich bezaubert und halb ängstlich, halb beglückt in die Irrgärten des Alphabets einführen lässt, wo man aus einem kleinen Häufchen von Buchstaben Wörter, Sätze, Bücher und graphische Abbilder des ganzen Weltalls zusammensetzen kann.
> *Hermann Hesse (1877–1962): Über Literatur*

Es ist ein großer Unterschied, ob für Kinder, Jugendliche oder Erwachsene geschrieben wird. In einem Roman für erwachsene Leser kann sich der Autor so ziemlich alles erlauben, soweit eine ästhetische Grenze nicht unterschritten wird. Wer dagegen für Kinder oder

Jugendliche schreibt, muss genau überlegen, wie er sich dieser Leserschaft verständlich machen kann: Also kurze oder wenigstens übersichtliche Sätze, möglichst wenig Fremdwörter, Kinder oder Jugendliche interessierende Inhalte, Aufbau von Spannung.

Natürlich lässt sich Interesse auch wecken, verlangen differenzierte Gedanken eine differenzierte Sprache, ergeben sich manche Wortbedeutungen aus dem Zusammenhang. In Jugendbuchklassikern wie «Robinson Crusoe», «Die Schatzinsel» oder «Die Abenteuer des Tom Sawyer» finden wir zahlreiche für Kinder äußerst schwierige Passagen. Allerdings dürften sich weder Defoe noch Stevenson oder Mark Twain beim Schreiben Gedanken über die Rezeption ihrer Texte gemacht haben, wie Autoren von Kinder- und Jugendbüchern es sinnvollerweise heute tun. Aber auch in der gehobenen Literatur für erwachsene Leser gibt es erhebliche stilistische Abstufungen; das beweist schon ein kurzer Blick in die Romane von Heinrich Böll, Ingeborg Bachmann oder Arno Schmidt, aber auch von Ernest Hemingway, Virginia Woolf oder James Joyce.

Zumeist werden sich die Autoren beim Schreiben auf ihre sprachlich-kommunikativen Erfahrungen und Beobachtungen verlassen. Vielleicht werden sie aber auch recherchieren. Im Bereich der Kinder- und Jugendliteratur kommt natürlich die eigene Kindheit und Jugend als Reservoir, als Fundus für Sprache und Kommunikation hinzu (wobei die Gewohnheiten hier im Fluss sind). Manchmal gibt es auch zwei Sprachebenen in einem Buch: Die «Hochsprache» des Erzählers, also eine literarische Sprache, und der Jargon beispielsweise bestimmter sozialer Gruppen, der dann zu recherchieren und bedachtsam und maßvoll einzusetzen wäre.

Wer glaubt, dass Schreiben für Kinder und Jugendliche einfacher sei als für Erwachsene, irrt sich. Leider ist das – nicht selten auch unter Autoren – eine verbreitete Meinung; und schon ein flüchtiger Blick auf den Büchermarkt zeigt, wohin dieser Irrtum führt: Mengen an Kitsch, Kram, Schund – und das ist absolut keine Frage des Geschmacks, sondern einer Qualität, für die es eindeutige Kriterien und untere Grenzen gibt. Aber Literatur auf einem akzeptablen ästhetisch-künstlerischen Niveau ist in allen Bereichen rar.

Zurzeit ist Englisch (oder vielmehr «Denglisch») angesagt. Man fährt «first class», registriert den «shareholder value», hat «emotions» und geht zu einem «event». Wie weit diese Sprachdeformation schon fortgeschritten ist, wird deutlich, wenn über der Einkaufsstraße einer deutschen Großstadt auf einem riesigen Schild «City Shopping» steht, über einem Textilgeschäft in einer deutschen Kleinstadt «fashion for the young», wenn der Treffpunkt am Bahnhof «Meeting Point», die Auskunft «Service Point», die Toilette «McClean» heißt, der Flughafen «Airport», das Ortsgespräch «CityCall» oder das Ferngespräch «German-Call» usw. – «for a better understanding».

Eine Empfehlung fürs «Business»:
Zwinge den Geschäftspartner, deine Sprache zu lernen, das kostet ihn Zeit und Energie und du wirst ihm überlegen sein, weil du deine Sprache immer besser sprechen wirst als er!
Verein Deutsche Sprache, Dortmund 1999

Bezeichnend, dass das Deutsche Zentrum an der «deutschen» Tongji-Universität natürlich «German Centre for Industry and Trade» heißt ... Vertreter deutscher Unternehmen etwa waren es, die in der Fakultät vom Studium der Germanistik abgeraten hatten ... Diese Zurückhaltung deutscher Firmen ist nicht nur kulturell bedenklich, sondern auch wirtschafts- und unternehmenspolitisch kurzsichtig ...
Horst Hensel: Sprachverfall und kulturelle Selbstaufgabe, 1999

Nichts gegen Internationalismus, im Gegenteil. Aber es ist schon seltsam, wenn einerseits Regionalismus angesagt ist, Mundart, Brauchtum, Volksmusik und eine wie auch immer geartete «kulturelle Identität», und andererseits die Warriors, Aliens, Lieutenants und Coroners in die Kinder- und Wohnzimmer kommen, in Shuttles, Enterprises, Supershows und Reality-TV; sie machen starwar, action, talk und sex für Singles, Kids, Daddy und Mom. Wer das kritisiert, braucht kein Deutschtümler oder Nationalist zu sein, zumal hinter dieser Entwicklung eine wahnsinnige Freizeit- und Unterhaltungsindustrie steht, die über alle Traditionen hinweggeht und die Gehirne verkleistert – nicht nur in sprachlicher Hinsicht. Vielen ist offenbar nicht bewusst, dass der Verlust von Sprache den Verlust der eigenen kulturellen Identität nach sich zieht. Kein Antiamerikanismus, keine Abschottung gegen andere Lebenssphären, sondern eine Besinnung auch auf eigene kulturelle Werte.

Sprache ist auch Herrschaftsmittel. Sie hat Einfluss auf Gedanken, Einstellungen und Verhaltensweisen. Wir sollten uns die deutsche Sprache erhalten, sie kann sehr reich, sehr vielfältig und auch schön sein. In Kanada wurde bis vor wenigen Jahrzehnten Indianerkindern, die man dort zwangsweise in Internaten zusammenfasste, bei Strafe verboten, ihre Stammessprachen zu sprechen. Sie wurden sprachlos, denn sie beherrschten bald ihre Muttersprache nicht mehr, und Englisch lernten sie auch nie perfekt. Dadurch verloren sie ihre kulturellen Wurzeln und ihre Identität.

Die Sprache ist der Spiegel einer Nation. Wenn wir in diesen Spiegel schauen, so kommt uns ein großes, treffliches Bild von selbst daraus entgegen.
Friedrich Schiller (1759–1805)

«Progressiv» und «modern» zu erscheinen heißt offenbar, sich seiner Identität zu schämen. Ein Blick in die Vergangenheit bestärkt uns in dem Eindruck, dass die Deutschen von einem Extrem ins andere fallen; sie neigen zur Selbstverleugnung, nach verlorenen Kriegen weniger zu Besinnung und Reue als vielmehr zu Verdrängung oder Masochismus in vielerlei Ausprägung. Das zeigt sich unter anderem im Sprachgebrauch. Jedenfalls wäre etwas mehr Sprachbewusstsein vonnöten, und Schriftsteller können dazu beitragen.

Deutsch ist eine der musikalischsten Sprachen und kommt an Klangfülle der Orgel, ja dem vollen Orchester vielleicht am nächsten.
Salvador de Madariaga y Rojo (1886–1978)

Die Muttersprache kann zu allem übrigen sagen: Ohne mich könnt ihr nichts tun. Wer mich verachtet, der wird wieder verachtet von seinem Zeitalter und schnell vergessen von der Nachwelt.
Gottfried August Bürger (1747–1794)

Wie frei sind freie Schriftsteller?

Der große russische Schriftsteller Leo Tolstoi hat gesagt, man dürfe aus der Schriftstellerei kein Mittel machen, mit dem man seine Existenz bestreiten oder sich Ansehen verschaffen will. Das mag für einen russischen Grafen und Gutsbesitzer im 19. Jahrhundert richtig gewesen sein. Und es ist auch heute noch vieles wahr daran; denn der Schriftsteller muss seine Arbeit machen, so gut er es vermag, und darf sich durch Äußerlichkeiten nicht beirren lassen. Aber er muss essen, trinken, sich kleiden und braucht ein Dach über dem Kopf, vielleicht ist noch eine Familie zu versorgen. Hat er nichts geerbt und nichts erheiratet, muss er sich seinen Lebensunterhalt erarbeiten. Gelingt ihm das mit der Schriftstellerei, ohne sich dabei zu prostituieren, ist das wahrscheinlich der denkbar beste Weg. Das Spektrum der Medien und Möglichkeiten ist trotz der vielen Verlagsfusionen und der Konzentration im Bereich der visuellen Medien immer noch so vielfältig, dass eine solche Lösung nicht von vornherein aussichtslos erscheint. Dafür gibt es auch Beispiele.

Schriftsteller und Medien

Schriftsteller wie Günter Grass, Martin Walser, Christa Wolf, Luise Rinser, Elfriede Jelinek, Günter Wallraff, Peter Härtling, Max Frisch, Anna Seghers oder Ingeborg Bachmann können bzw. konnten – mehr oder weniger gut – von ihrer Arbeit leben. Allerdings sind die meisten Schriftsteller in verschiedenen Medienbereichen tätig, das heißt, sie schreiben Bücher und daneben Beiträge für Zeitungen, Zeitschriften, Anthologien und den Rundfunk, gelegentlich auch für das Fernsehen (wenngleich das ein eigenartiger Bereich für sich ist). Außerdem beziehen sie einen Teil ihres Einkommens aus Lesungen, Gastdozenturen, Literaturpreisen usw. Hinzu kommen Einnahmen aus Vorabdrucken, Nachdrucken, Übersetzungen, Verfilmungen, sonstigen Lizenzen oder Rundfunkübernahmen und Fernsehauftritten.

Die noch vielfach verbreitete Vorstellung, Schriftsteller schrieben abseits jeglicher Publikumsinteressen gemächlich vor sich hin, ist naiv und stimmt schon lange mit der Wirklichkeit nicht überein. Wer heute vom Schreiben leben will, muss möglichst vielseitig sein, sich in den Medien auskennen, Kontakte haben und immer wieder neue herstellen.

Das Berufsbild des «Schriftstellers» ist, wie der Name schon sagt, vom Bücher schreibenden Autor her bestimmt. Das Gros der Autoren arbeitet heute aber über Massenpresse, Funk, Film und die elektronischen Medien. Das Buch bleibt zwar im Selbstverständnis der Autoren oft Haupt-, von der wirtschaftlichen Bedeutung her gesehen aber meist Nebenprodukt. Mobilität zwischen den Medien ist charakteristisch und normal für freie Autorentätigkeit.
Karla Fohrbeck und Andreas J. Wiesand: Der Autorenreport, 1972

Heinrich Böll bei der Arbeit. Fotografie von Heinz Held, 1971

Über die Schwierigkeiten später berühmt gewordener Schriftsteller, ihre Texte zu veröffentlichen, und über ihre Probleme mit der Literaturkritik ist oft berichtet worden. Von Franz Kafka ist ein Brief vom 11. 10. 1916 an seinen damaligen Verleger Kurt Wolff (ab 1908 Verlag mit Ernst Rowohlt, der 1913 ausschied) erhalten, der für sich spricht. Wolff hatte die Erzählung «In der Strafkolonie» abgelehnt und auf «Peinliches» im Inhalt hingewiesen. Daraufhin schrieb ihm Kafka tief betroffen: «Ihr Aussetzen des Peinlichen trifft ganz mit meiner Meinung zusammen, die ich allerdings in dieser Art fast gegenüber allem habe, was bisher von mir vorliegt. Bemerken Sie, wie wenig in dieser oder jener Form von diesem Peinlichen frei ist! Zur Erklärung dieser letzten Erzählung füge ich nur hinzu, dass nicht nur sie peinlich ist, dass vielmehr unsere allgemeine und meine besondere Zeit gleichfalls sehr peinlich war und ist ...»

Nach Kafkas erster und letzter öffentlicher Lesung außerhalb Prags, am 10. 11. 1916 in der Galerie Goltz in München, stand in den «Münchener Neuesten Nachrichten»: «Als eine wenig günstige Probe eigenen Schaffens las dann Kafka die Groteske ‹In der Strafkolonie›. Der Stoff hätte knapper behandelt werden müssen, um irgendwie noch einen künstlerischen Eindruck hervorbringen zu können. So wirkt trotz des technischen Könnens die detaillierte Beschreibung des Folterwerkzeuges und das Psychische des mit pathologischer Liebe um dieses Werkzeug sich mühenden Offiziers stofflich abstoßend, was auch die Zuhörerschaft wohl zu erkennen gab. Auch durfte nach dem grotesken Tod des Offiziers, der, für sein sinnreiches Instrument keine Anerkennung mehr findend, sich selbst ihm als letztes Opfer darbietet, die Erzählung nicht so endlos langsam verebben.»

> Der Nachteil großer Literatur ist es, dass sich jeder Idiot damit identifizieren kann ... und was das Kunstverständnis anbelangt: Farbenblindheit ist selten; Kunstblindheit die Regel.
> *Arno Schmidt (1914–1979)*

> Kritik ist ja zunächst einmal nicht Kunst, sondern Handwerk. Grundsätzlich hat sie sich dem Kunstwerk unterzuordnen – ohne unter-

würfig zu sein: Darin besteht ihre Kunst. Ignoranz, Arroganz und
Selbstherrlichkeit sind dagegen Eigenschaften etlicher (Berufs-)Kriti-
ker ...
Theo Breuer: Der Kritiker in der Kritik. In: Impressum 6/1997

So sehr verletzte Kafka dieser Verriss, dass er den Schluss seiner Erzählung umgeschrieben hat. Aber Kritiken sind natürlich generell
nicht völlig wirkungslos, selbst wenn manche Autoren es ablehnen,
sie überhaupt zur Kenntnis zu nehmen. Ein Autor erhält ein Image,
er wird propagiert oder abgelehnt; eine Besprechung beispielsweise
im «Literarischen Quartett» kann den Verkaufserfolg eines Buches
erheblich steigern.

Am Beispiel Kafkas wird deutlich, wie stark ein empfindsamer
Mensch in seiner Kreativität durch leichtfertige und scharfrichter-
liche Urteile behindert werden kann. Spätere Rezensionen lauten:
«F. Kafka beschreibt einen Torturapparat und die pathologische
Liebe seines Erfinders zu demselben. Vermutlich soll das eine psy-
chol. Studie sein, man weiß es nicht recht, da das Buch zu langweilig
ist, um zum Nachdenken oder Einfühlen anzuregen» (Literarischer
Jahresbericht des Dürerbundes). Und: «Die Gemeinheit des Men-
schentiers, die sich an derartigen Quälereien erlustiert und aufgeilt,
als Selbstverständlichkeit berichtet, kann nur Ekel erzeugen» (Zeitschrift für Bücherfreunde).

Heute ist Kafkas literarischer Ruhm unbestritten. Im Rückblick
mutet es uns seltsam an, dass sich Kritiker der damaligen Zeit so
sehr täuschen konnten. Wir meinen, in einer aufgeschlosseneren,
toleranteren Gesellschaft zu leben, in der solche offensichtlichen
Fehlurteile nicht mehr möglich sind. Dass aber auch neuere, international renommierte Autoren wie Heinrich Böll, Günter Grass,
Martin Walser oder Christa Wolf von Schmähungen, Verrissen und
Diffamierungen nicht verschont blieben, wird noch zu berichten
sein.

Wer heute die Lüge und Unwissenheit bekämpfen und die Wahrheit
schreiben will, hat zumindest fünf Schwierigkeiten zu überwinden. Er
muss den Mut haben, die Wahrheit zu schreiben, obwohl sie allenthalben unterdrückt wird; die Klugheit, sie zu erkennen, obwohl sie allenthalben verhüllt wird; die Kunst, sie handhabbar zu machen als eine

Waffe; das Urteil, jene auszuwählen, in deren Händen sie wirksam wird; die List, sie unter diesen zu verbreiten.
Bertolt Brecht (1898–1956): Fünf Schwierigkeiten beim Schreiben der Wahrheit

Da Schriftsteller keine eigenen Publikationsmittel besitzen, sind sie abhängig von denen, die darüber verfügen, und zwar in doppelter Hinsicht: Sie sind der Kritik in den Medien ausgesetzt, und sie wollen publizieren. Kein Schriftsteller schreibt gern für die Schublade; lebt er vom Schreiben, muss er sogar publizieren. Hat er Erfolg, das heißt, verkaufen sich seine Bücher gut, ist seine Abhängigkeit dem Verlag gegenüber gering, weil auch der Verleger wiederum abhängig vom Autor ist. Auf diese Weise entstehen gegenseitige Abhängigkeiten. Bedauerlicherweise hat sich jedoch die Verlagsbranche in weiten Teilen zu einem Geschäft entwickelt, bei dem es kaum noch um den Inhalt von Büchern, sondern in der Hauptsache um ihre Verkäuflichkeit und «Vermarktung» geht; davon wird noch die Rede sein. Dieser Trend, der sich bereits seit längerem abzeichnete, ist in vielen Verlagen zu einer selbstverständlichen Geschäftspraxis geworden.

Bis vor einigen Jahren galt meist noch das Prinzip der Mischkalkulation: Man finanzierte mit Bestsellererfolgen schwer verkäufliche Literatur (und landete damit manchmal unverhoffte Treffer). Gerade in großen Verlagen gehört dies mehr und mehr zur Geschichte. Eine bestimmte Art von Literatur, die unsere Kultur entscheidend mitgeprägt hat, droht auszusterben, das scheint den wenigsten klar zu sein. Gemeint ist Literatur, die sich mit hohem ästhetischem Anspruch sozial engagiert. Aber auch Lyrik, Satire, Kurzgeschichte oder ästhetisches Experiment drohen zu verkümmern.

Bei den großen Zeitungen und Zeitschriften sehen die Abhängigkeiten dagegen ganz anders aus. Diese Medien beziehen ihre Erträge hauptsächlich aus dem Anzeigengeschäft. Insofern schielt ihre Verlagspolitik nach den Anzeigenkunden, sie sollen nicht abgeschreckt, sondern eher angezogen werden. Natürlich spielt auch die politische Einstellung des Verlegers eine gewichtige Rolle, spätestens bei Entlassungen. Fest angestellte Journalisten wissen das (oder es wird ihnen deutlich genug gesagt) und richten sich darauf ein. Was dabei herauskommt, ist überwiegend konform, oftmals opportunistisch und tendenziös.

Die zeitweise auf dem Zeitungsmarkt vorhandene Vielfalt ist durch harte Konkurrenz und zahlreiche Fusionen allmählich verloren gegangen. In Hamburg gehören mittlerweile die großen Tageszeitungen zum Springer-Konzern, in Köln zum Verlag DuMont Schauberg; die Westdeutsche Allgemeine Zeitung hat sich über das ganze Ruhrgebiet und bis nach Osteuropa hinein ausgebreitet; fast alle Zeitungen in der ehemaligen DDR wurden von westdeutschen Verlagen aufgekauft, die den Markt beherrschen. Freie Autoren haben es umso schwerer, unbequeme, insbesondere politisch unliebsame Meinungen zu veröffentlichen.

> Etwa drei Prozent des Sozialprodukts stammen inzwischen von Autoren, Journalisten, Komponisten, Kameraleuten, Schauspielern, Fotografen und vielen anderen Urhebern. Könnte nur sein, dass dem Standort langsam aber sicher die Kreativen abhanden kommen, ähnlich wie die Softwareingenieure, weil ihre Schaffens- und Existenzbedingungen hierzulande auf den Hund gekommen sind.
> *Fred Breinersdorfer (VS-Vorsitzender) in: Süddeutsche Zeitung, 3. 5. 2000*

Viele der «Freien» arbeiten regelmäßig für Hörfunk und Fernsehen, die bessere Honorare zahlen als die meisten der Druckmedien. Zur Zeit gibt es in Deutschland zwölf Rundfunkanstalten sowie ARD und ZDF (mit dem Ereignis-Dokumentations-Kanal Phoenix und dem Kinderkanal), außerdem Arte und 3sat (Satellitenfernsehen des deutschen Sprachraums) als in ihrer Programmgestaltung unabhängige öffentlich-rechtliche Körperschaften. Daneben haben wir zahlreiche private Hörfunk- und Fernsehsender, die von Werbung existieren, wodurch das Programm in den letzten Jahren immer mehr auf Einschaltquoten ausgerichtet worden ist, zum Nachteil der Qualität. Und die Konkurrenz der privaten Anbieter hat natürlich keinen positiven Einfluss auf die Programmgestaltung der öffentlich-rechtlichen Anstalten gehabt, die in der Publikumsakzeptanz nicht zurückstehen wollen, dabei jedoch nicht selten ihren gesetzlichen Programmauftrag (Information, Bildung, Unterhaltung sowie Beiträge zur Kultur, Kunst und Beratung) aus den Augen verlieren. Als

Folge davon ist eine immer stärkere Verflachung der Programme und ein noch größerer Einfluss von politischen und wirtschaftlichen Interessengruppen zu registrieren.

Für das Fernsehen zu arbeiten ist nach Aussagen namhafter Schriftsteller oft unbefriedigend. Das hat mehrere, zum Teil bereits genannte Gründe. Von allen Medien ist das Fernsehen am populärsten, und die Redaktionen stellen ihre Programme darauf ab, sodass von Drehbuchautoren meistens quotenträchtige Stoffe erwartet werden, und zwar sowohl bei den Privaten als auch inzwischen bei den Öffentlich-Rechtlichen. Zum anderen erhalten die Fernsehredaktionen ständig zahlreiche Drehbuchangebote, und die Bedingungen der Zusammenarbeit zwischen Schriftstellern und Fernsehanstalten werden gewöhnlich einseitig von der Anstalt oder Produktionsfirmen festgelegt. Während beim Hörfunk noch ein fertiger Text abgeliefert wird, muss ein Drehbuch in Bilder umgesetzt werden. Dabei können ein Redakteur, Produzent oder Regisseur durchaus andere Vorstellungen verwirklichen, als dem Autor vorschweben. Wo es dem Autor beispielsweise auf eine bestimmte Atmosphäre ankommt, legt der Regisseur vielleicht Wert auf Spannung und Aktion; lässt der Autor eine Szene an der Nordsee spielen, verlegt sie der Produzent aus Kostengründen an den nahen Baggersee. Häufig werden Szenen und Dialoge vollkommen verändert (besonders an Theatern), nach Ansicht der Autoren sogar verfälscht. Politische Ansichten, falls sie überhaupt zugelassen werden, müssen mehrheitsfähig sein oder denen der Macher entsprechen. In den Programmzeitschriften werden selbst bei Literaturverfilmungen in den seltensten Fällen die Namen der Autoren genannt, sondern die des Regisseurs und der prominenten Schauspieler.

Appell des amerikanischen Medienwissenschaftlers Robert Chesney, Universität von Illinois, an die Europäer: «Erhaltet euch einen starken öffentlich-rechtlichen Rundfunk, denn kommerzielles Fernsehen ist eine Giftpille für die Demokratie.»
Kölner Stadt-Anzeiger, 6. 6. 2000

Eine großflächige kanadische Langzeitstudie bestätigt, dass sprachliche Ausdrucksfähigkeit, Lesefähigkeit und Kreativität bei Kindern seit Einführung des Fernsehens am Schwinden sind, während die

Aggressivität zunimmt ... In Nordrhein-Westfalen stieg die Zahl der Schüler an Schulen für Sprachbehinderte innerhalb von sechs Jahren um etwa 60 Prozent.
Elisabeth C. Gründler in: Psychologie heute, Mai 1998

Daneben führt das hohe Prestige, das dieses Medium genießt, nicht selten zu Überheblichkeiten und arroganten Verhaltensweisen seiner Mitarbeiter. Das ist ein weiteres Feld ständiger Konflikte, ganz abgesehen von Termindruck und aufgezwungener Hektik. In den Produktionsfirmen, die das Fernsehen beliefern, passt man sich in «vorauseilendem Gehorsam» den Wünschen der Redaktionen an. Und natürlich wollen die Produzenten an der produzierten «Ware» möglichst viel verdienen; gern werden Pauschalhonorare angeboten, sodass Autoren – wenn sie sich darauf einlassen (müssen) – bei Wiederholungen und Lizenzvergaben leer ausgehen (sog. Buy-out). Die Widerstände und Widrigkeiten sind also recht groß, der Einfluss der Drehbuchautoren auf das Endprodukt ist gering.

So treiben die Fernsehleute den Autoren endgültig den Spaß an ihrer Arbeit aus. Viele Programme reizen ohnehin nicht zur Mitwirkung. Überspitzt ließe sich sagen, dass ein Talkmaster den anderen interviewt und Tausende von Fernsehmitarbeitern Tausende von Wiederholungen betreuen, vor allem in den USA produzierter Filme: Horror, Action, Sci-Fi, Sex und Crime. Infantilisierung, Simplifizierung, mit anderen Worten: Verblödung, weltweit. Hier und da selbstverständlich Lichtblicke, niveauvolle Filme, gute Unterhaltung, Abenteuer, Dokumentation und Information ... Aber es fehlt an erfahrenen, seriösen Autoren für Eigenproduktionen.

Manche Vertragskonvolute enthalten schiere juristische Pornographie. Originalzitat: Der Autor räumt dem Verwerter das Recht ein, «die in dem Werk beschriebenen Charaktere, Handlungselemente, Dialoge, Szenen etc. des Werkes abzuändern, neue oder geänderte Teile hinzuzufügen, Teile herauszunehmen oder die Handlungsabfolge umzustellen, Co-Autoren mit einer Bearbeitung zu beauftragen und das Werk in sämtliche Sprachen übersetzen zu lassen.» ... Dass die finanzielle Beteiligung der Urheber am Verwertungserfolg konzernseitig als Störfaktor gesehen wird, kann nicht verwundern. Der Buy-out von Rechten für immer und alle Zeiten gegen ein einmaliges billiges Entgelt wird ruppig durchgesetzt ... Und wenn einer versucht, sich gegen die Bedingungen zu wehren, obendrein noch gerichtlich, drohen schwarze Listen oder Berufsverbote.

Fred Breinersdorfer (VS-Vorsitzender) in: Süddeutsche Zeitung, 3. 5. 2000

Nun ist den «Machern» nicht gänzlich unbekannt, was der Filmautor und Regisseur Billy Wilder schon vor Jahren formulierte: «Es gibt nur drei Voraussetzungen für einen guten Film: Erstens ein gutes Drehbuch, zweitens ein gutes Drehbuch, drittens ein gutes Drehbuch.» Seit einiger Zeit bemüht man sich daher um Nachwuchs und macht vor allem jungen Autorinnen und Autoren das Schreiben von Drehbüchern schmackhaft. Seminare, Kurse und Studiengänge bieten zum Beispiel an:

Deutsche Film- und Fernsehakademie Berlin, Potsdamer Str. 2, 10785 Berlin

Hochschule für Fernsehen und Film, Frankenthaler Str. 23, 81539 München

Internationale Filmschule Köln, Werderstr. 1, 50672 Köln

Kunsthochschule für Medien Köln, Peter-Welter-Platz 2, 50676 Köln

Hochschule für Film und Fernsehen «Konrad Wolf», Marlene-Dietrich-Allee 11, 14482 Potsdam

Filmakademie Baden-Württemberg, Mathildenstr. 20, 71638 Ludwigsburg

Deutsches Literaturinstitut Leipzig, Wächterstraße 34, 04107 Leipzig

Fraglich jedoch, ob dreiundzwanzigjährige Hochschulabsolventen genügend Lebenserfahrung mitbringen, um mehr als ein oder zwei vernünftige Drehbücher zu schreiben, in denen es dann nicht nur um Adoleszenz-Probleme geht. Hier käme – wie sonst auch – die Empfehlung zum Tragen, zunächst einen anderen Beruf auszuüben, sich auf das Leben außerhalb der Glitzermedien einzulassen und allmählich in die Branche einzusteigen, wobei ein Studium, Seminare, Kurse usw. selbstverständlich förderlich, wenn nicht unverzichtbar sind. Das Fernsehen braucht Stoff, zahllose Sendestunden sind zu füllen, und Jugend ist prinzipiell natürlich kein Hindernis beim Schreiben – allerdings auch kein Vorteil, wie viele heute meinen.

Wird ein Buch verfilmt, kümmert sich der Verlag, der die Film-

und Fernsehrechte vom Autor übernommen und weiterverkauft hat, häufig nicht um die Filmarbeiten. Das kann zu schweren Enttäuschungen führen, wo sich Schriftsteller mit ihren Stoffen identifizieren – was ja meistens der Fall ist. Selbst ein so renommierter Autor wie Michael Ende konnte bei der Verfilmung seines Buches «Die unendliche Geschichte» seine Intentionen nicht durchsetzen und resignierte. Deswegen arbeiten manche Schriftsteller grundsätzlich nicht für das Fernsehen, obwohl die Bezahlung im Allgemeinen gut ist und die Spesenkasse für Reisen in alle Welt ausreicht.

> Lichtspiele und Rundfunk brauchen sich nicht mehr als Kunst auszugeben. Die Wahrheit, dass sie nichts sind als Geschäft, verwenden sie als Ideologie, die den Schund legitimieren soll, den sie vorsätzlich herstellen ... Die Maschine rotiert auf der gleichen Stelle. Während sie schon den Konsum bestimmt, scheidet sie das Unerprobte als Risiko aus. Misstrauisch blicken die Filmleute auf jedes Manuskript, dem nicht schon ein Bestseller beruhigend zugrunde liegt. Darum gerade ist immerzu von idea, novelty und surprise die Rede ...
> *Max Horkheimer (1895–1973) und Theodor W. Adorno (1903–69): Dialektik der Aufklärung, 1969*

Buchmarkt und Verlagswesen

Bei Vielfalt und Qualität sehen die Prognosen für den Buchmarkt und das Verlagswesen nicht rosig aus. Fachleute erwarten zwar keinen nennenswerten Rückgang der Verkaufszahlen, jedoch ein noch stärkeres Anwachsen des Bestsellergeschäfts und der Lizenznahmen aus dem Ausland.

Das liegt zum einen an der fortschreitenden Verlagskonzentration, zum anderen daran, dass einheimische Autorinnen und Autoren in den letzten Jahren von den Verlagen vernachlässigt wurden. Und wo das nicht so ist, werden sie nicht selten bevormundet – es sei denn, sie erzielen hohe Auflagen. Manchmal entsteht der Eindruck von einer «Unternehmensphilosophie», wonach Autoren eigentlich überflüssig seien, es sie ohnehin wie Sand am Meer gebe, eben vor allem im Ausland, und es in der Hauptsache auf Werbung und Marketing ankomme. Dass der deutschen Literatur auf diese

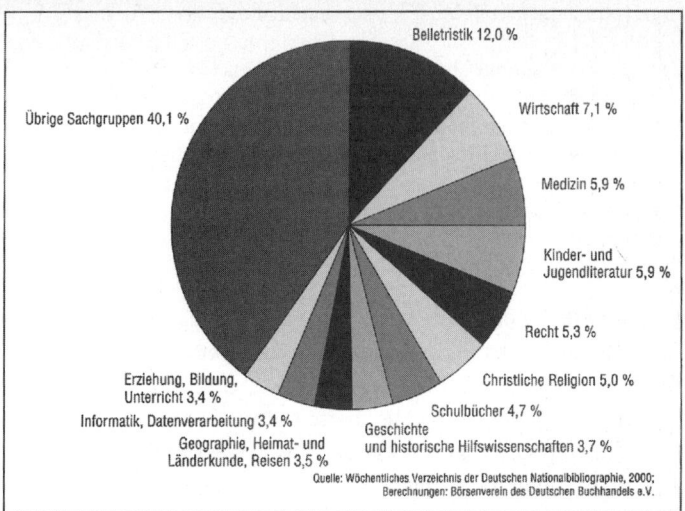

Belletristik 12,0 %

Übrige Sachgruppen 40,1 %

Wirtschaft 7,1 %

Medizin 5,9 %

Kinder- und Jugendliteratur 5,9 %

Recht 5,3 %

Erziehung, Bildung, Unterricht 3,4 %

Christliche Religion 5,0 %

Informatik, Datenverarbeitung 3,4 %

Schulbücher 4,7 %

Geographie, Heimat- und Länderkunde, Reisen 3,5 %

Geschichte und historische Hilfswissenschaften 3,7 %

Quelle: Wöchentliches Verzeichnis der Deutschen Nationalbibliographie, 2000; Berechnungen: Börsenverein des Deutschen Buchhandels e.V.

Titelproduktion (Erstauflagen) nach Sachgruppen 2000

Weise der Boden entzogen wird, liegt auf der Hand. Fraglich, ob die neuerliche Vorliebe für Debütantenbücher, das so genannte Fräulein-Wunder oder die «Wiedergeburt des Erzählerischen» durch Autoren der mittleren Generation daran etwas ändert; denn die Inhalte sind überwiegend dekorativ und konform, die Autorinnen und Autoren bald wieder vergessen. (Die taz – 8. 7. 2000 – titelt: «Abfall für alle? Die neue deutsche Literatur? Schnell geschrieben? Schnell gelesen? Schnell weggeworfen?») Die «Verfallszeit» für Bücher wird immer kürzer; oft beträgt sie nur noch ein halbes Jahr. Autorenpflege ist zur Seltenheit geworden.

Längst betrachten einige große Verlage die verlegerische Seite ihres Geschäfts schon mehr als einen lästigen, leider nicht völlig vermeidbaren Nebenerwerb, und auch ein paar kleine Verlage haben entdeckt, dass es Besseres (sprich: Profitlicheres) gibt als das Herausbringen und Pflegen von Originalausgaben. Sie sind ins Agenturgeschäft eingestiegen und richten ihr Augenmerk fast nur noch auf den Verkauf der Nebenrechte. Die Originalausgabe bekommt dadurch einen neuen Stellenwert: Sie wird zur kurzen Werbeaktion, die eingestellt werden kann, wenn Vorab- und Nachdrucke, Auslands-, Taschenbuch-, Buch-

gemeinschaftslizenzen und andere «buchnahe» sowie Film-, Fernseh-
und sonstige «buchferne» Rechte gewinnbringend verkauft worden
sind ... Einer Verramschung der taufrischen Neuerscheinung steht
dann nichts mehr im Wege; nach einer immer kürzer werdenden
Schamfrist geht der eben noch mit viel Theaterdonner und Reklame
angepriesene Titel im supermodernen Antiquariat unter ... Das Ganze
ist das Gegenteil dessen, was sich Autoren von Verlegern erhoffen, ja
was sie nach Treu und Glauben auch erwarten dürfen ...
Bernt Engelmann (1921–1994) in: VS vertraulich, Band 4, 1980

Es gibt freilich positive Beispiele, die beweisen, dass sich Förderung
bezahlt machen kann. Der ehemalige Verleger des renommierten
Kinder- und Jugendbuchverlages Beltz & Gelberg, Hans-Joachim
Gelberg, berichtete, dass er talentierte Autorinnen und Autoren über
Jahre hinweg systematisch «aufgebaut» habe; in Kauf zu nehmen
waren – so Gelberg – geringe Auflagen der ersten Bücher, bis sich allmählich Anerkennung und Erfolg einstellten. Auch in anderen
namhaften Kinder- und Jugendbuchverlagen sowie in Publikums-
verlagen ist man ständig auf der Suche nach neuen Talenten, sodass
Debütanten nach wie vor eine Chance haben, soweit sie überzeugen-
de Exposés und Leseproben einreichen.

Beklagt wird ein schwindendes Interesse Jugendlicher, aber auch
vieler Erwachsener an Literatur, ihre mangelnde Bereitschaft zu lesen. Ob wirklich weniger gelesen und mehr Zeit vor Bildschirmen
verbracht wird, ist allerdings zur Zeit nicht belegbar. Es haben noch
nie alle gelesen.

Vielleicht haben sich nur die Präferenzen verschoben; vielleicht
laufen die «Macher» in den Verlagen Illusionen nach, wodurch wiederum ein prägender Einfluss auf den Markt entsteht. Dass gute Bücher manches vermitteln, was wir sonst nie erfahren würden, dass
Bücher den Horizont öffnen und das Leben unvergleichlich berei-
chern können, gerät allmählich in Vergessenheit, und die Verlage
tragen mit zu dieser Erosion bei, wenn sie nur noch das Geschäft im
Auge haben. Natürlich ist unbestritten, dass Verlage Wirtschaftsunternehmen, insofern der Gewinnerzielung verpflichtet sind. Aber Literatur, wo sie mit einem Anspruch auf Poesie, auf künstlerische
«Verdichtung» auftritt, hat eben auch etwas mit Kultur zu tun. Im

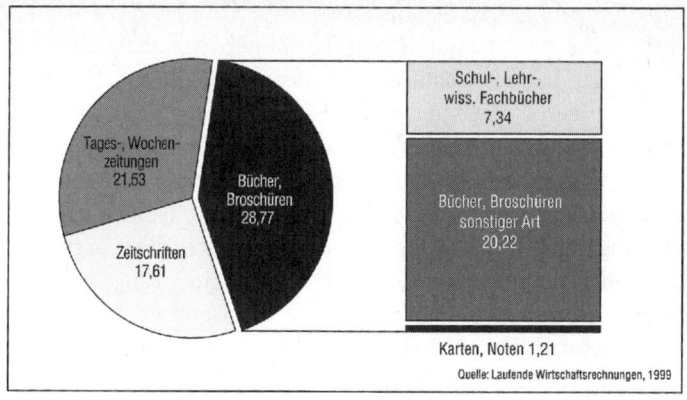

Monatliche Ausgaben für Bücher in den alten Bundesländern (Angaben in DM) 1999

Übrigen lehrt die Erfahrung, dass Geschäft und gute Inhalte sich nicht auszuschließen brauchen.

Eine der tragischen Gestalten der amerikanischen Gegenwart heißt Monica Lewinsky. Es war selbstverständlich, sie wird ihre Memoiren schreiben. Hinter diesen Memoiren waren etwa 300 Verlage her ... Dieses Buch wurde gewissenhaft übersetzt, Frau Lewinsky ist durch Deutschland gereist, hat sich überall vorgestellt. Dieses Buch ist nie auf einer Bestseller-Liste erschienen, kein Mensch wollte das Ding haben ... Das Buch ist die reine Verstopfung. Jetzt würde man doch denken, dass dieser Verlag sich sagt, da haben wir schwer büßen müssen, die nächste Million geben wir für was ganz anderes aus. Wir drucken jetzt mal deutsche Romane. Die kosten nur zehntausend Vorschuss, deutsche Romane sind im Kommen, ein deutscher Autor ist auch mit einem normalen Hotel zufrieden. So denkt ein Großkonzern aber nicht. Es muss eine Über-Lewinsky her, um den Platz zu besetzen und die Maschine am Laufen zu halten.
Michael Krüger, Verleger des Hanser Verlags, in: Die Zeit, 16. 9. 1999

Um bei den Lesern Erfolg zu haben, muss man entweder sterben oder Ausländer sein oder aber pervers schreiben. Die beste Methode: Man ist ein ausländischer perverser Toter.
Julian Tuwim (1894–1953): Aphorismen

Außerordentlich problematisch ist immer wieder die drohende Aufhebung der Buchpreisbindung. Bisher werden Bücher in Deutschland zu fest gebundenen Ladenpreisen gehandelt. Damit, wie auch durch eine reduzierte Mehrwertbesteuerung (zur Zeit 7 Prozent), wird ihr Sonderstatus als «Kulturgut» berücksichtigt und existenzgefährdende Konkurrenz zwischen Buchhandlungen eingeschränkt. Nun wurde bereits die grenzüberschreitende Buchpreisbindung mit Österreich aufgehoben. Allerdings existiert dort ebenfalls eine Preisbindung für Bücher, und eine Umgehung im zwischenstaatlichen Handel durch fingierte Geschäfte ist unzulässig. Andernfalls hätte sich die unhaltbare Wettbewerbssituation ergeben, dass österreichische Anbieter deutsche Kunden zu Billigpreisen beliefern. Dieses Problem ist auch mit der Schweiz zu lösen, wo seit einiger Zeit über die Abschaffung der Preisbindung für Bücher verhandelt wird.

Es passt in das Gesamtbild, wenn die Europäische Kommission das Kulturgut Buch wie einen ganz gewöhnlichen, der üblichen Konkurrenz unterliegenden Wirtschaftsartikel behandelt wissen will. Die Auswirkungen einer solchen Politik sehen wir beispielsweise in den USA. In einer Stadt wie New York gibt es fast nur noch Filialen der großen Buchhandelsketten. «Barnes and Nobles» oder «Borders» bieten ihre Stapelware auf mehreren weiträumigen Etagen mit Rabatten von zehn bis dreißig Prozent an; die kleineren unabhängigen Buchhändler bleiben auf der Strecke, aber auch viele kleinere Verlage und letztlich die Autorinnen und Autoren, die keine Bestseller «produzieren». Ähnliche Erfahrungen hat man in England gemacht, wo die Preisbindung vor einigen Jahren abgeschafft wurde. In Frankreich wurde, nach äußerst negativen Entwicklungen, der gebundene Ladenpreis wieder eingeführt.

In zehn Jahren wird es außer den drei Konzernen Holtzbrinck, Bertelsmann und Springer kaum noch andere Verlage geben. Die werden ihre eigenen Buchhandelsketten haben und im elektronischen Handel ihre Marktführerschaft genießen ... Das wird 80 Prozent des Marktes ausmachen. Unterhalb davon wird es die Verrückten geben, die sich für Bücher interessieren.
Michael Krüger, Verleger des Hanser Verlags, in: Die Zeit, 16. 9. 1999

Auffällig ist, dass nur wenige deutsche Bücher in die USA exportiert werden können, während marktgängige amerikanische Titel auch in Deutschland sofort auf den Bestsellerlisten erscheinen. Globalismus und freier Handel? Nach Presseberichten kaufte der Berliner Ullstein Verlag die deutschen Rechte an noch zu schreibenden vier Büchern des amerikanischen Bestsellerautors Stephen King für insgesamt vierzehn Millionen Dollar. Bertelsmann ließ sich den Kitschroman «Der Pferdeflüsterer» des englischen Autors Nicholas Evans, dessen Textmontage als neuer Stil ähnlich der TV-Schnitttechnik gepriesen wurde, immerhin 865 000 Mark kosten.

Die erfolgreiche New Yorker Literaturagentin Jennifer Lyons äußerte sich in einem Spiegel-Interview amüsiert über den Wetteifer deutscher Verleger beim Einkauf amerikanischer Lizenzen; ihr Resümee: «Aber natürlich freuen sich die Agenten bei uns darüber – und stoßen sich gesund.»

Für diese Marktlage gibt es sicherlich mehrere Gründe: Wirtschaftliche, psychologische, persönliche ... Selbstverständlich brau-

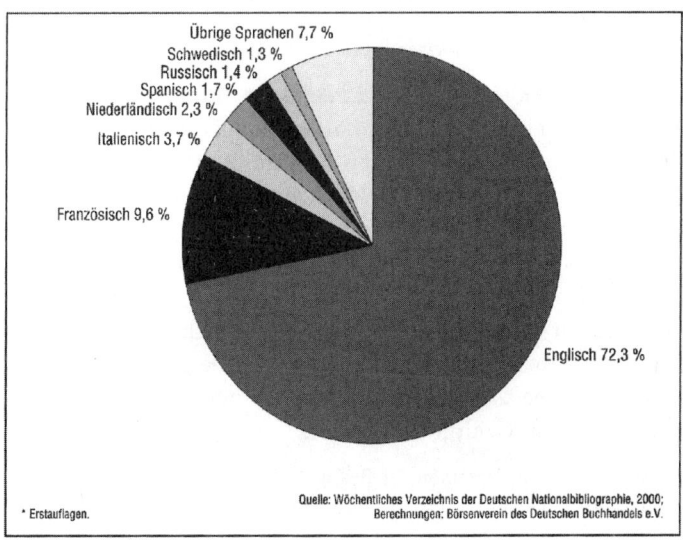

Herkunftssprachen der Übersetzungen ins Deutsche 2000, Erstauflagen

chen wir Internationalität, gerade in der Literatur. Wer wollte auf die Bücher von Philip Roth, Thomas Pynchon, Tom Wolfe, Don de Lillo, Louis Begley etc. verzichten? Aber wir brauchen auch eine einheimische Literatur, und die ist in den letzten Jahren deutlich vernachlässigt worden. Für einige Verleger und Lektoren ist es offenbar attraktiver, nach New York, London oder Stockholm zu fliegen, um ausländische Erfolgstitel zu übernehmen, als selber am Schreibtisch Manuskripte auszuwählen, zu lektorieren und Autorenpflege zu betreiben. Vor allem in der Kinder- und Jugendbuchbranche ist die Lizenznahme zumeist auch billiger, und die Übersetzer werden nicht selten mit Niedrighonoraren abgespeist.

> Dieser Trend gibt ausländischen Autoren ... den Vorzug vor deutschsprachigen; selbst wenn deutschsprachige Autoren große Erfolge mit einzelnen Büchern erzielen. Es ist, als ob diese Erfolge sich nicht mehr festsetzen würden, als ob sie immer nur wie Ausnahmen gewertet würden, reine Glücksfälle, Talentproben, nach deren vorübergehenden Augenblicken des Ruhms wieder zur Tagesordnung übergegangen werden kann ... Dieses Phänomen gehört unserer Ansicht nach in die Typologie des deutschen Selbsthasses ... wohl eine der vielen Masken, in denen das deutsche Schuldbewusstsein fortlebt, ohne sich selbst zu erkennen.
>
> *Martin Hielscher, Verlagslektor: Erzähler ohne Stimme? In: JULIT 2/98*

Vielfach ist die Meinung zu hören, deutsche Autoren könnten nicht erzählen. Aber es scheint eher so, als spiele ein intelligentes Marketing in diesem Geschäft eine größere Rolle als die Inhalte der Ware Buch. Und in der Filmbranche sehen wir noch deutlicher, dass wir es hier mit einer Art «Kulturimperialismus» zu tun haben, der gigantische Ausmaße angenommen hat. Ob der «American way of life», der damit transportiert und propagiert wird, das Nonplusultra ist, erscheint zumindest zweifelhaft. Immer sichtbarer werden jedenfalls die Auswirkungen einer Ideologie, die sich auf Egoismus und Habgier, gepaart mit Gewalt, gründet und mit scheinheiligem Moralisieren die Gehirne verkleistert.

> Ich glaube nicht, dass unter den Bedingungen des Kapitalismus noch eine geistige Organisation denkbar ist, die den Namen «Kultur» verdient.
>
> *Robert Musil (1880–1942)*

Für den Verkauf von Manuskripten an Verlage und Redaktionen bieten – seit einigen Jahren vermehrt – Literaturagenturen ihre Dienste an, wie es in den USA schon lange gang und gäbe ist. Die Zusammenarbeit mit solchen Unternehmen kann für Autoren hilfreich sein, vorausgesetzt die Literaturagenten verstehen ihr Handwerk und verfügen über gute Kontakte und Marktkenntnisse. Dann ersparen sich erfahrene Autoren – so sie nicht ohnehin ihre festen «Abnehmer» haben – viel Arbeit, und unerfahrene Autoren werden vielleicht an einen geeigneten Verlag vermittelt, hinsichtlich einer Verbesserung ihres Manuskripts und bei Vertragabschlüssen beraten.

Allerdings kann der Vermarktungsprozess bei schwierigen Manuskripten doppelt mühsam werden, wenn der Autor zunächst ein Lektorat mit der Agentur und danach ein zweites mit dem Verlag abzuwickeln hat. Außerdem nehmen Agenturen eine Vermittlungsgebühr von fünfzehn bis zwanzig Prozent des Honorars. Nicht alle diese Firmen sind vertrauenswürdig, und manche Verlage arbeiten nicht gern mit Agenturen zusammen, denen naturgemäß an gängiger «Ware», hohen Garantievorschüssen und Theaterdonner gelegen ist.

Jüngst hat der Spiegel gar ein «literarisches Fräuleinwunder» ausgerufen; junge Autorinnen ... erzählten «ohne Angst vor Kitsch und großem Gefühl» von Liebesfreud und Liebesleid. Und nicht zuletzt, das vermerkt der Rezensent besonders eingehend, vom ungehemmten Ficken ... Unsere armen jungen Schriftstellerinnen aber sehen sich, kaum dass sie die ersten schüchternen Schritte in die individualistische Verantwortungslosigkeit gewagt haben, sogleich für die Schlacht um den Literaturstandort Deutschland instrumentalisiert.
Richard Herzinger: Jung, schick und heiter? In: Deutsches Jahrbuch für Autoren, Autorinnen, 2000

Unterdessen gibt es eine neue Form der Buchveröffentlichung: Books on Demand. Diese «Bücher auf Nachfrage» können Autoren zu verhältnismäßig günstigen Konditionen selber in Auftrag geben. Zum Beispiel hält das Buchgroßhandelsunternehmen Libri dazu ein preiswertes Angebot bereit. Die Bücher werden, sobald eine Bestellung vorliegt, von Datenträgern innerhalb zwei bis vier Tagen gedruckt und geliefert. Der Vorteil besteht darin, dass auch schwierige

Literatur veröffentlicht werden kann, dass eine Zensur nicht möglich ist, Lagerkosten und das Auflagenrisiko entfallen. Von Nachteil ist jedoch das fehlende Lektorat (soweit es nicht zusätzlich bezahlt wird), mangelndes Marketing und die ausufernde Möglichkeit der Publikation für jeden, der in der Schule schreiben gelernt hat (sofern er bereit ist, die Unkosten aufzubringen). Von der seit langem bestehenden Möglichkeit, in einem so genannten Zuschussverlag zu publizieren, unterscheidet sich das Demand-Verfahren grundlegend allein schon durch die erheblich geringeren Kosten.

Zuschussverlage lassen sich den Druck der Bücher (bisher war es der kostenaufwendigere Offsetdruck) in der Regel voll und ganz von den Autoren finanzieren, und sie wollen daran zusätzlich natürlich auch noch verdienen. Ein solches Buch kann dann bis zu 15 000 Euro kosten. Das Lektorat, soweit es das überhaupt gibt, ist fragwürdig, Werbung und Vertrieb sind häufig eine Farce, Buchhandel und Medien sperren sich. Die inhaltliche Qualität ist unter diesen Bedingungen ohnehin belanglos.

> Vielleicht krankt unsere zeitgenössische Literatur aber daran, dass zu viele meinen, etwas zu sagen zu haben, aber in der Tat nur sich selbst verwirklichen möchten. Dass sie narzisstisch und selbstverliebt, größenwahnsinnig oder einfach nur peinlich aufdringlich und mediengeil sind.
> *Hadayatullah Hübsch: Schreiben, wozu? In: Deutsches Jahrbuch für Autoren, Autorinnen, 2000*

Dagegen bietet «Publishing on Demand», vor allem bei Neuauflagen nicht mehr lieferbarer Bücher, ein reelles Publikationsverfahren. Die Autoren rufen ihre Rechte zurück, sie übernehmen die Korrekturen, das Marketing und decken das geringe finanzielle Risiko ab. So kann jedes Buch, das aus dem Verlagsprogramm herausfällt, als «Book on Demand» lieferbar bleiben. Der Verband deutscher Schriftsteller hat kürzlich in Zusammenarbeit mit einem Demand-Verlag ein Konzept entwickelt, das sogar Aspekte des Marketing berücksichtigt. Allerdings dürfte sich dieses Publikationsverfahren nur bei geringer Nachfrage rentieren, so sie denn überhaupt vorhanden ist.

Selbstverständlich ließe sich «Publishing on Demand» von gestandenen Autoren ebenso für Erstauflagen nutzen. Aber Bücher, die keiner kennt, kann keiner kaufen. Also müsste Werbung gemacht werden. Weiter ist zu berücksichtigen, dass der Vertrieb von Büchern ohne eine Verlagsanbindung außerordentlich mühsam und aufwendig ist. Fraglich, ob jemand, der andere Möglichkeiten hat, die Zeit dafür aufbringen mag. Schreiben ist eine Sache, verlegen eine andere.

Mittlerweile sind Demand-Verlage gegründet worden, die Bücher zu seriösen Bedingungen herstellen, Werbung und Vertrieb besorgen und dazu die Abrechnung übernehmen. Wenn sie außerdem eine Auswahl nach Qualitätsmaßstäben treffen, unterscheiden sie sich von herkömmlichen Verlagen hauptsächlich noch dadurch, dass sie erheblich günstiger kalkulieren, vom Autor die Unkosten einfordern und mit dem Demand-Verfahren ein Risiko ausschließen. Wird der Autor ausreichend am Verkaufserlös beteiligt, bietet sich hier eine neue, durchaus akzeptable Publikationsschiene. Vorsicht ist jedoch geboten, denn diesen Markt haben bereits Geschäftemacher entdeckt, die im Bunde mit der Eitelkeit Möchtegern-Autoren, ähnlich manchen Zuschussverlagen, kräftig in die Tasche greifen.

Dass e-books, die aus dem Internet auf den Computer oder buchartige Lesegeräte geladen werden können, eine Zukunft haben, gilt unter Experten als sicher. Immerhin wurde im Frühjahr 2000 eine sechzig Seiten umfassende Erzählung des amerikanischen Erfolgsautors Stephen King für etwa 2,5 Dollar in einer Woche 400 000-mal aus dem Netz heruntergeladen. Das gedruckte Buch dürfte langfristig dadurch jedoch kaum verdrängt werden.

Die «neuen» Medien

In letzter Zeit hört und liest man viel von «neuen Medien», die so neu meistens gar nicht mehr sind. An Schreibcomputer, Fax und Handy haben wir uns inzwischen gewöhnt; Internet, Mailing usw. breiten sich überall auf der Welt mit rasanter Geschwindigkeit weiter aus. Damit verbunden ist eine Technisierung des Berufs- und auch des Privatlebens in einem Ausmaß, das vielen Bürgern, die bisher nichts damit zu tun haben, noch verborgen geblieben ist. Politiker und Fachleute sprechen von der «Digitalen Revolution».

Die Vorstellung, Schriftsteller säßen ebenfalls vor so einem Terminal, um ihre Texte einzugeben, erschien noch bis vor wenigen Jahren utopisch, wenn nicht absurd. Doch die Realität hat Skepsis und Kritik schon lange überholt. Und in der Tat spricht viel, wenn auch nicht alles, für die Einbeziehung dieser neuen Medien in die schriftstellerische Arbeit. Schließlich schreiben wir heute nicht mehr mit dem Gänsekiel.

Zum Beispiel lassen sich Gänge in Büchereien und Archive, zeitaufwendiges Herumblättern in der Sekundärliteratur wie auch umfangreicher Briefwechsel ersparen. Die Recherche wird zum Computerspiel. Man braucht nur über seinen PC in das Internet zu gehen, und schon eröffnen sich diverse Möglichkeiten der Information und Kommunikation; der «User» hat Zugriff auf Datenbanken, «Homepages» usw., er kann über Suchmaschinen mit einem einzigen Stichwort ganze Informationsketten abrufen. Die Arbeitserleichterung ist – wenn alles optimal abläuft – erheblich.

Erst einmal ist das Internet ein riesiges technisches – fast könnte man sagen: Wunder. Es kann sehr nützlich sein, besonders dann, wenn man weiß, was man will ... Aber Probleme werden heutzutage so definiert, dass sie mit dem Computer bearbeitet werden können. Vielleicht wurden dieselben Probleme Jahre vorher anders formuliert und ohne Computer gelöst. Dabei spreche ich überhaupt nicht von «guten, alten Zeiten». Ich meine nur, dass man das beachten muss, wenn man sagt, dass bestimmte Probleme nur mit Computern gelöst werden könnten.

Joseph Weizenbaum, Computerwissenschaftler, in: Freitag, 21. 2. 1997

Theoretisch lässt sich alles Erfassbare erfassen: Zeitungen und Zeitschriften, Literatur und Sachbücher, wissenschaftliche Werke, neueste Forschungsergebnisse ... Rechtschreibung, Thesaurus, Autokorrektur bedürfen ohnehin nur eines Tastendrucks. Man gibt seine Fragen ein, und schon kommen die gewünschten Antworten heraus – so denkt sich das jedenfalls der Laie.

Der Benutzer kann abrufen, eintippen, umstellen, einfügen, Seite für Seite, Buch für Buch. Womöglich genügt es, zehn Bücher zu einem bestimmten Thema einzuprogrammieren, um daraus ein elftes zu machen. Aus zwanzig Romanen lässt sich vielleicht, unter Zuhilfenahme einiger philosophischer oder psychologischer Fachbücher, ein fast neuer Roman schreiben. Man brauchte sich dazu nicht einmal viel einfallen zu lassen. Sogar das Korrekturlesen könnte sich erübrigen – wäre die Autokorrektur so perfekt, wie wir es uns wünschen.

Die Praxis sieht dann doch ein bisschen anders aus. Schon jetzt hat sich das Internet zu einer gigantischen Müllhalde entwickelt. Das Abfragen von Informationen nach Stichwörtern gestaltet sich oftmals mühsam und zeitaufwendig, die Ergebnisse sind nicht selten unbefriedigend. Natürlich kommt aus dem Computer wie auch aus dem Internet nur das heraus, was eingegeben worden ist. Das scheint vielen «Technofreaks», von denen es immer mehr gibt, nicht klar zu sein. Ist die Eingabe mangelhaft, kommt etwas Mangelhaftes heraus, ist sie dumm, müssen wir unsere Zeit an die Dummheit verschwenden. Und selbstverständlich muss für alle diese Anlagen, Vernetzungen und Hilfeleistungen ständig bezahlt werden, die Geräte sind reparaturanfällig, ein falscher Bedienungsbefehl kann die Weiterarbeit auf Stunden blockieren.

> Was mir nicht gefällt, ist die Propaganda fürs Internet: Es führe zu einer ganz neuen Form der Demokratie, alles sei zugänglich, und so weiter. Das ist schade, und es wird nicht davon gesprochen, dass es sehr, sehr mühsam sein kann, mit dem Internet zu arbeiten ... der Schrott und Blödsinn, den wir da reinstecken, macht aus dieser im Prinzip guten Sache eine Schande. Genauso, wie wir das Fernsehen verdorben haben.
> *Joseph Weizenbaum, Computerwissenschaftler, in: Freitag, 21. 2. 1997*

> Über 1000 Leserrezensionen gehen allein bei amazon.de pro Woche ein. Amazon druckt alles, unkorrigiert, nur «Obzönitäten und gehässige Bemerkungen» werden gelöscht. Natürlich ist das nur ein Ausschnitt aus dem Leserkreis. Und natürlich hat auch Joachim Bessing mit seinem Misstrauen Recht, wenn er in «Tristesse Royale» verkündet, dass er selbst schon so viele gefälschte Leserrezensionen abgesandt hat, dass er ihnen überhaupt nicht traue.
> *Volker Weidermann, in: die tageszeitung, 27. 6. 2000*

Außerdem ist nicht zu übersehen, dass die Vernetzung bislang nicht überschaubare Gefahren in sich birgt. Ständig hören wir von «Computerviren», die ganze Systeme lahm legen. Millionenschäden entstanden allein dadurch, dass ein Student seine präparierte E-Mail «I love you» so programmierte, dass sie sich über die Verteiler der Adressaten in kürzester Zeit über die ganze Welt verbreitete. Derart kriminelle Eingriffe in das Netz finden sofort Nachahmer. Hinzu kommt, dass ein Eindringen in fremde Computersysteme bislang nicht ausgeschlossen werden kann. Hacker drangen sogar in die geheimen Dateien des Pentagon ein, auch die Geheimdienste machen sich offenbar die Möglichkeiten der neuen Computertechnik zunutze; angeblich soll der CIA systematische Ausforschungen nicht nur unter politisch-ideologischem, sondern auch ökonomischem Aspekt betreiben.

Für gar nicht so wenige Autoren ist es trotz der unbestreitbaren Vorteile digitaler Technik momentan noch eine Horrorvorstellung, den ganzen Tag vor einem Monitor zu sitzen; sie schreiben ihre Texte nach wie vor erst einmal mit der Hand. Dieser Vorgang am Schreibtisch erscheint manchem Technikbegeistertem zwar antiquiert, hat aber einiges für sich. Die Arbeitsatmosphäre ist nicht so nüchtern, die Gedanken haben mehr Raum, sich auszubreiten, werden nicht sofort «formalisiert» und durch bestimmte leicht zugängliche Informationen kanalisiert; beim späteren Eingeben in den Computer können dann weitere Überlegungen den Text noch anreichern und vervollkommnen. Andererseits zieht die Arbeit am Bildschirm den Autor in den Text hinein und verlangt ihm eine permanente hohe Konzentration ab, die seiner Arbeit zugute kommen kann. Außerdem bietet der Computer zahlreiche Variations- und Bearbeitungsmöglichkeiten.

Leider haben sich einige der Bedenken, die schon vor Jahren geäußert wurden, bewahrheitet. Abgesehen davon, dass sich ein großer Teil der Menschheit die verhältnismäßig aufwendige digitale Technik auf unabsehbare Zeit gar nicht leisten kann, sind befriedigende Lösungen zum Beispiel für den Schutz der Nutzer vor kriminellen Eingriffen, die Vergabe digitaler Verwertungsrechte oder die unerlaubte Weiterverwertung geistigen Eigentums, trotz moderner Computertechnik, bislang nicht gefunden bzw. durchgesetzt worden.

Das Netz funktioniert wie ein Gehirn, in dem immer mehr Neuronen miteinander vernetzt werden und die Intelligenz des Gesamtorganismus stündlich zunimmt ... Freilich erweisen sich nicht alle Anwendungen im Internet als derart benutzerfreundlich. Wer kennt nicht die Verzweiflung, wenn nach stundenlangem Suchen kryptische Botschaften wie «Fehler elf», «Proxyserver not found» aufblinken oder der ganze Schlamassel urplötzlich abstürzt?
Elke Hartmann: World Wide Wunderbar? In: Focus 25/2000

Die Idee, dass jeder Aspekt der Realität berechenbar ist, dass man alles mit Computern simulieren kann ... halte ich für eine Illusion. Ich würde es sogar Betrug nennen, entstanden aus einer Euphorie für Technik, die sie nicht verdient hat ... Diese Haltung vergisst, dass gerade die Möglichkeit der Ambiguität – der Doppelsinnigkeit oder Zweideutigkeit – die Stärke der natürlichen Sprache ist. Der Versuch, Dinge zu formalisieren, führt zu bestimmten Strukturen des Wissens.
Joseph Weizenbaum, Computerwissenschaftler, in: Freitag, 21. 2. 1997

Lob und Tadel oder «Jenseits der Literatur»

Zwar sagte bereits Goethe: «Schlagt ihn tot, den Hund! Es ist ein Rezensent.» Aber natürlich sind nicht alle Rezensenten besserwisserische, mäkelige Phrasendrescher, nur ihrer Karriere und dem Markt verpflichtet. Angesichts eines riesigen Angebots an Büchern bedarf es der Orientierungshilfe, der Information. Das ist die Aufgabe der Kritik. Leider fehlt es gelegentlich an der fachlichen und charakterlichen Eignung für diese Aufgabe, werden Machtpositionen, die dadurch entstehen, dass angepriesen oder ohne die Möglichkeit des Widerspruchs abgetan werden kann, missbraucht. Anstatt zu informieren, wird genörgelt, anstatt zu fördern, verhindert. Und mancher Rezensent, der sich aufspielt und plustert, hat auf peinliche Weise vor der Geschichte versagt.

Auffallend ist zum Beispiel eine seit Jahren immer deutlicher werdende Tendenz, der zufolge sich das Sekundäre vor das Primäre geschoben hat. Mehr noch: die permanente Selbstfeier des Sekundären bestimmt nicht nur den Zeitgeist, sie verkörpert ihn. Das Sekundäre erlaubt sich, als Original aufzutreten.
Günter Grass: Über das Sekundäre aus primärer Sicht. Rede zur Verleihung des «Großen Literaturpreises der Bayerischen Akademie der Schönen Künste» am 5. 5. 1994 in München, nach: Neue Zürcher Zeitung, 8./9. 5. 1994

Bereits 1960 befand der Kritiker Marcel Reich-Ranicki, der Grundeinfall sei nicht übel, aber der Autor habe leider nicht viel daraus gemacht: «Kein bedeutendes Werk», selbst dann nicht, wenn man mindestens zweihundert Seiten streichen würde. Heute gilt die «Blechtrommel» von Günter Grass als wegweisend für die deutsche Literatur in der zweiten Hälfte des 20. Jahrhunderts; der Roman erreichte eine Auflage von mehr als drei Millionen in 23 Sprachen.

Derselbe Kritiker – von Grass und anderen als größenwahnsinnig abgetan und dennoch von großem Einfluss auf den Literaturbetrieb – verriss auch den Roman «Jenseits der Liebe» von Martin Walser in einer Weise, die zu Recht Walsers Empörung hervorrief; Titel des Verrisses: «Jenseits der Literatur». Dem Autor wurde sozusagen ein Berufswechsel empfohlen. Als Reich-Ranicki daraufhin selber in die Kritik geriet und merkte, dass er zu weit gegangen war, feierte er Walsers Novelle «Ein fliehendes Pferd» als ein Jahrhundertwerk.

Es ist müßig, positive Beispiele anzuführen, deren es viele gibt; wo wirklich unterstützt, wohlwollend verlegt, reell besprochen, wo Wege geebnet wurden. Gravierend sind die Existenzgefährdungen und -entziehungen, die Karriereknicks und Verhinderungen, die durch leichtfertige oder bösartige Kritiker wie auch durch unfähige

Geistesleben. Karikatur von Luis Murschetz, 1995

oder unwillige Verleger und Lektoren verursacht werden. Dafür gibt es zahlreiche, zum Teil beschämende Belege.

Bölls früher Roman «Der Engel schwieg» über die Heimkehr eines Soldaten in eine zerstörte Großstadt am Tag der Kapitulation fand nicht die Zustimmung seines Verlegers und blieb vierzig Jahre in der Schublade. Böll dazu: «Man schien uns zwar nicht verantwortlich zu machen dafür, dass Krieg gewesen, dass alles in Trümmern lag, nur nahm man uns offenbar übel, dass wir es gesehen hatten und sahen.»

Das Thema «Krieg» war lange Zeit unerwünscht. Selbst Erich Maria Remarque, der mit dem Roman «Im Westen nichts Neues» zum Bestsellerautor geworden war, fand erst nach längerem Suchen einen Verleger für seinen 1952 abgeschlossenen KZ-Roman «Der Funke Leben». «Die Reaktionen waren», so Remarque, «zu einem großen Teil ausgesprochen feindlich, reserviert und empört», was der Autor darauf zurückführte, dass Deutschland damals schon damit begonnen hatte, «die Zeit von 1933 bis 1945 zu vergessen – so schnell wie möglich – und nicht zu bereuen».

> Der Künstler arbeitet (im Idealfall) anspruchsvoll von sich als Künstler her und «wächst» dabei. Er arbeitet nicht als jemand, der anderen Ansprüchen – etwa der Kritik – genügt oder seine Ansprüche an anderen ausrichtet.
> *Reinhard Knodt: Ästhetische Korrespondenzen, 1994*

Das erfuhr auch Wolfgang Koeppen. Seinen gesellschaftskritischen Roman «Das Treibhaus» von 1953 bezeichneten Rezensenten als «Ruinen-Existenzialismus» und «Abtritt-Pornographie». Nicht wenigen Autoren wurde durch solche ungerechtfertigten Schmähkritiken nicht nur die Lust an der schriftstellerischen Tätigkeit, sondern die für schöpferische Arbeit unerlässliche Gestaltungskraft genommen. Aus abgesicherter Position heraus lässt sich dazu leicht sagen, ein Autor dürfe sich durch Kritiken nicht irritieren lassen; er müsse schreiben, was er für richtig hält, und er solle nicht erwarten, für Gesellschaftskritik auch noch gestreichelt zu werden. Aber gesellschaftliche Ablehnung bis hin zur Ächtung auf die Dauer zu ertragen, ist sicherlich den wenigsten gegeben. Was bleibt, ist Resignation, Verzweiflung, im günstigsten Fall das Ausweichen in eine reputierlichere, weniger gefährdete Existenz – vermutlich zu Lasten dessen, was wir «unsere Literatur» nennen. Insofern haben verletzende und diffamierende Kritiken viel zerstört; und manches ist dadurch an deutscher Literatur in den vergangenen Jahrzehnten verhindert worden. Überheblichkeit, Starallüren und Schadenfreude auf der einen, Wut und Verachtung, nicht selten Hoffnungslosigkeit, auf der anderen Seite.

Erfreulicherweise hat die Bücherkritik seit einigen Jahren im Fernsehen ihren festen Platz, und dazu werden neben Journalisten häufig auch Schriftsteller eingeladen. Der Kritiker bei der Arbeit, Autoren zum «Anfassen». Das kann die Aufgeschlossenheit in Deutschlands Wohnzimmern für Literatur fördern und für den Zuschauer ebenso kurzweilig wie informativ sein; darauf beruht zum Beispiel der Erfolg des «Literarischen Quartetts». Manchmal werden jedoch nicht viel mehr als wiederkehrende Klischees und Worthülsen in einem selbstgenügsamen Kasperletheater mit Teufel, Seppel, Hänsel und Gretel geboten. So sagte Sigrid Löffler nach ihrem Ausscheiden aus dem Quartett über ihren Kollegen Reich-Ranicki, den «König Ubu» der Literaturkritik: «Die Literatur ist ihm ja nicht als solche ein Anliegen, sondern in erster Linie als Machtinstrument.»

Hin und wieder tritt bei den Kritikern neben einem ausgeprägten Exhibitionismus auch eine etwas traurige Schamlosigkeit zutage. Sie beurteilen Literatur wie Schularbeiten, sie zensieren, schwadronieren und spielen sich auf; der Autor kann sich nicht wehren. Die Kontakte der Kritiker zu den Verlagen sind ohnehin besser als die zu den Autoren. Manche Magazine, selbst Literaturseiten in großen Zeitungen, werden aus dem Anzeigengeschäft finanziert. So kann es nicht verwundern, dass in vielen Druckmedien eher Bücher rezensiert werden, für die Anzeigen geschaltet worden sind. Neben Unbestechlichkeit fehlt häufig eine grundsätzliche Achtung vor kreativer Leistung – wiewohl Kritikern zuzugestehen ist, dass nicht jede Äußerung, die von ihrem Urheber als Literatur verstanden wird, Kunst sein muss.

Unter einer Kritik versteht man die Analyse und Beurteilung eines Werks aufgrund irgendwelcher Normen ...
Alfred Döblin (1878–1957): Die Vertreibung der Gespenster. Autobiographische Schriften

Kritiker zu sein, ist ein dummer Beruf, wenn man nichts ist, was darüber hinausgeht.
Alfred Kerr (urspr. Alfred Kempner, 1867–1948): Sätze meines Lebens. Über Reisen, Kunst und Politik

Das Klima für Literatur und ihre Urheber ist in Deutschland nicht so erfreulich, wie ihre Kritiker meinen. Einige wenige Beispiele mögen das belegen. 1998 erhielt Martin Walser den Friedenspreis des deutschen Buchhandels, und bekanntlich eignen sich Festreden recht gut dazu, Stellung zu gesellschaftlichen Problemen und Konflikten zu nehmen. Walsers Rede, die in einigen heiklen und komplizierten Fragen missverständlich war, erhielt während der Feierstunde in der Frankfurter Paulskirche von den anwesenden Honoratioren und Journalisten viel Beifall; im Nachhinein erzeugte sie dann allerdings einen Sturm der Entrüstung. Dem Geehrten wurde unter anderem vorgeworfen, er polemisiere mit Schlagwörtern wie «Auschwitz-Moralkeule» oder «Erinnerungsdienst» und unterstütze damit in unverantwortlicher Weise eine wieder aufkeimende nationalistische Stimmung in Deutschland. Wer Walsers Werk und einige der bösartigen, unzutreffenden Einschätzungen zu seinem damals erschienenen Roman «Ein springender Brunnen» kennt (dem Autor wurde unter anderem vorgehalten, Auschwitz käme darin nicht vor), wird sich den weit gehenden Vorwürfen kaum anschließen können.

Dagegen wurde Günter Grass nach seiner Laudatio auf Yasar Kemal anlässlich der Verleihung des Friedenspreises des deutschen Buchhandels 1997 scharf angegriffen, weil er die Fremdenfeindlichkeit in Deutschland angesprochen hatte: «Ich schäme mich meines zum bloßen Wirtschaftsstandort verkommenen Landes ...» Kurz zuvor war es zu Überfällen auf Ausländer und Brandanschlägen auf Asylantenheime in mehreren deutschen Städten gekommen. Doch Grass' Stellungnahme ging verschiedenen Politikern und Journalisten zu weit; sie wünschten sich eine sachlichere und weniger emotional-polemische Auseinandersetzung mit dem Thema. Obwohl Grass überhaupt erst eine breite öffentliche Diskussion zu dieser Problematik angestoßen hatte, sah er sich in vielen Medien starken Anfeindungen ausgesetzt.

Auch Peter Handke stieß mit seinen kritischen Äußerungen zum Krieg gegen Serbien auf geradezu hasserfüllte Ablehnung. Er hatte die Leiden des serbischen Volkes im 20. Jahrhundert mit denen der Juden verglichen und war der Ansicht, dass es sich um einen verbrecherischen Angriffskrieg handelte, der von Politikern und willfährigen Medien mit Lügen gerechtfertigt werde. Daraufhin wurde verschiedentlich zu einem offenen Boykott gegen den Autor aufgerufen und sogar sein Ausschluss aus dem P.E.N. gefordert. Wenn man jedoch weiß, dass Handke Freunde in Serbien hatte, dass Hitlerdeutschland das Land bereits 1941 überfallen und zerbombt hat und dass die deutsche Verfassung wie auch die Charta der Vereinten Nationen und der NATO-Vertrag einen Angriffskrieg verbieten, der wird Handke trotz seiner überzogenen Polemik nicht verurteilen können. Warum sollen Schriftsteller nicht polemisieren und auch einmal über das Ziel hinausschießen dürfen? Politiker tun es alle Tage. Martin Walser erklärte dazu, Handke werde «unglaublich disqualifiziert – in jeder Hinsicht, moralisch, politisch, professionell». Daran bemerke er eine «Kriegsstimmung», die ihn erschrecke.

... es ist Verrat der Kultur, die Politik aufzugeben.
Alfred Döblin (1878–1957): Die Vertreibung der Gespenster

Wie soll Kunst die Menschen bewegen, wenn sie selber nicht von den Schicksalen der Menschen bewegt wird.
Bertolt Brecht (1898–1956): Über Kunst und Politik

Übrigens wurde Peter Handkes neues Theaterstück «Die Fahrt im Einbaum oder Das Stück zum Film vom Krieg» – von Claus Peymann in Wien uraufgeführt – in der «Frankfurter Allgemeinen Zeitung» kurz darauf heftig verrissen: Stammtischniveau, Handke dichte nicht mehr, er propagiere: «hanebüchener Quark, säuerlichst-emphatischster Kitsch». Das alles immerhin auf einer halben großformatigen Zeitungsseite ausgebreitet.

Neben literaturwissenschaftlichen Kriterien oder eben Geschmack und Laune hat immer auch die Politik und die politische Einstellung der Rezensenten eine nicht zu übersehende Rolle bei der Beurteilung eines Werks gespielt. Zum Beispiel hatten sich einige Kritiker nach der deutschen Vereinigung auf die Entlarvung ostdeutscher Schriftsteller als willfährige Instrumente des «real existierenden Sozialismus» geworfen. Eine gestandene Autorin wie Christa Wolf, die man zu Zeiten des Kalten Krieges im Westen als subtile Kritikerin sozialistischen Alltags feierte, wurde nach der deutschen Vereinigung in einer spektakulären Kampagne heruntergemacht. Stephan Hermlin, dem «Grandseigneur der DDR-Literatur» (wie er in einer westdeutschen Zeitung genannt wurde), warf einer dieser Scharfrichter medienwirksam vor, er sei seinerzeit als Emigrant in Frankreich lediglich Landarbeiter und nicht Widerstandskämpfer der Résistance gewesen, wie er einmal behauptet habe.

> Der Westen hat gewonnen, das ist das Problem. Kein Zweifel, dass der real existierende Sozialismus untergeht ... Die Bevölkerung dort kennt keine größere Sehnsucht, als die fundamentalen westlichen Grundsätze zu übernehmen: möglichst viele Waren in Müll zu verwandeln.
> *Jurek Becker (1937–1997) in: Die Zeit, 5. 10. 1990*

Demgegenüber wurde die späte Entlarvung des «meistgelesenen Autors deutscher Sprache», Heinz G. Konsalik, als Gestapo-Mitarbeiter (Otto Köhler in «Die Zeit» vom 2. 8. 1996) kaum zur Kenntnis genommen. Ohnehin galten Tätigkeiten in Gestapo, SS oder ähnlichen verbrecherischen Organisationen in der Bundesrepublik Deutschland lange Zeit als Kavaliersdelikte; rassistische, frauenverachtende und sogar faschistoide Tendenzen in literarischen Werken werden nur selten beanstandet. Insofern kann es auch nicht verwundern, dass die Filmstiftung Nordrhein-Westfalen die Verfilmung von vier Romanen Konsaliks mit vier Millionen Mark subventionierte. Diskussionen löste erst die (in diesem Fall eher belanglose) Frage aus, die nach Konsaliks Tod aufkam, ob er einen, vielleicht sogar mehrere Ghostwriter hatte.

Schriftsteller als moralisches Gewissen?

Die Zeit des Geniekults oder eines «praeceptor Germaniae» ist endgültig vorbei; niemand wird die Erhabenheitsansprüche und -gesten von gestern vermissen. Schriftsteller sind ganz normale «Geistesarbeiter» geworden, nachdem sie lange das «Gewissen der Nation» waren. Zum moralischen Anspruch des Schreibenden sagte Martin Walser in seiner Friedenspreis-Rede 1998: «Es gibt die Formel, dass eine bestimmte Art Geistestätigkeit die damit Beschäftigten zu Hütern oder Treuhändern des Gewissens mache; diese Formel finde ich leer, pompös, komisch. Gewissen ist nicht delegierbar.»

Dennoch lässt sich eine Verantwortung Intellektueller gegenüber der Gesellschaft (die Walser auch immer wieder wahrgenommen hat) wohl kaum bestreiten. In einer Zeit, in der Opportunismus, Unterhaltung, Beliebigkeit und Sinnlosigkeit dominieren, erscheinen die Worte Wolfgang Koeppens aus seiner Büchner-Preisrede von 1962 wieder hoch aktuell: «Der Schriftsteller ist engagiert gegen die Macht, gegen die Gewalt, gegen die Zwänge der Mehrheit, der Masse, der großen Zahl, gegen die erstarrte, faule Konvention, er gehört zu den Verfolgten, zu den Verjagten ..., ich erkannte ihn als den Sprecher der Armen, als den Anwalt der Unterdrückten, als den Verfechter der Menschenrechte gegen der Menschen Peiniger und selbst zornig gegen die grausame Natur und gegen den gleichgültigen Gott ... Ich gehöre zu einem Stand, der vor allen anderen berufen ist und sich nicht scheuen darf, wenn es sein muss, ein Ärgernis zu geben.»

> Unsere Literatur hat die Aufgabe, den Menschentypus zu beschreiben, den unsere Gesellschaft hervorgebracht hat. Und je schonungsloser der Blick, desto besser. Leistet die Literatur das nicht und verharrt stattdessen in ihrem vorbehaltslosen Ja, besteht die Gefahr, dass wir in unserem überbordenden Wohlstand vor uns hinvegetieren in einer Gesellschaft von «jungen Arschlöchern voller Zaster, deren intellektuelles und moralisches Niveau erschreckend niedrig ist (Houellebecq)» ... Autoren wie Benjamin von Stuckrad-Barre, Christian Kracht und Joachim Bessing gehen in ihren Büchern akribisch den Fragen nach ...: Was ziehe ich an? Welche Musik höre ich heute? Wofür gebe ich mein Geld aus?
> *Georg M. Oswald in: die tageszeitung, 8./9. 7. 2000*

Auf dem Jubiläumskongress des Verbandes deutscher Schriftsteller in Köln 1999 klagte Günter Grass, der soeben den Nobelpreis für Literatur erhalten hatte, das politische Engagement seiner «ausgeprägt und berufsnotorisch egozentrischen» Kollegen ein; die meisten scheuten sich, «subversiv» zu schreiben. Grass wörtlich: «Ich glaube, dass es zurzeit an dieser Literatur fehlt.»

Natürlich rufen Grass' wiederholte Anmahnungen einer engagierten Literatur und seine unmissverständlichen Stellungnahmen zu politischen Fragen stets seine Kritiker aus dem bürgerlichen Lager auf den Plan. So konterte der Feuilletonchef und Mitherausgeber der «Frankfurter Allgemeinen Zeitung», Frank Schirrmacher, den Grass zu den «Yuppies» des deutschen Feuilletons gezählt sowie der Lüge und Borniertheit bezichtigt hatte: «Begreift er nicht, ... dass wir erschrecken vor der Gesellschaft, die er sich als kommod erträumt? Erschrecken vor der Langeweile, der Vorhersehbarkeit und dem Wiederholungsmuster eines Armchair-Mahner-Warner-uneinverstanden-und-immer-auch-ungehalten-Seins? Kurzum: vor all dem, was der Nobelpreis für Literatur offensichtlich jetzt angerichtet hat?»

So klären sich unterschiedliche politische Positionen und Interessenlagen selbst da, wo Literatur angeblich nichts, rein gar nichts mit Politik zu tun haben soll. Wer Stellung bezieht, wer kritische gesellschaftspolitische Positionen vertritt, hat sofort eine ganze Phalanx von Gegnern vor sich, und er hat sie ein Leben lang an den Fersen. Er wird öffentlich gezüchtigt, diffamiert und boykottiert.

Heinrich Böll, der 1972 den Literaturnobelpreis erhalten hatte, wurde nach kritischen Stellungnahmen zur Terrorismus-Hysterie der siebziger Jahre von der rechten Presse wie auch von Polizei und Verfassungsschutz regelrecht verfolgt; es kam sogar zu Überwachungen und Hausdurchsuchungen. Böll wurde damals als «Wegbereiter des Terrorismus» diffamiert, ebenso wie Günter Wallraff als «Untergrund-Kommunist», der Plakatkünstler Klaus Staeck als «faschistischer Agitator».

Sie haben die Presse, sie haben die Börse, jetzt haben sie auch das Unterbewusstsein!
Karl Kraus (1874–1936): Aphorismen

Die Moral des Künstlers ist Sammlung, sie ist die Kraft zur egoistischen Konzentration ... Die Moral des Künstlers ist Hingebung, Irrtum und Selbstverlust, sie ist Kampf und Not, Erlebnis, Erkenntnis und Leidenschaft.
Thomas Mann (1875–1955): Gesammelte Werke, 12. Band, Berlin 1955

«Politik ist Verallgemeinern», erklärte mir Leo, «Literatur ist Differenzieren, und die beiden stehen zueinander nicht nur in einem reziproken Verhältnis – sondern in einem feindlichen Verhältnis. Für die Politik ist die Literatur dekadent, schlaff, unerheblich, langweilig, verschroben, fade, etwas, das weder Hand noch Fuß hat und das es eigentlich gar nicht zu geben braucht ...»
Philip Roth (Pulitzer-Preis 1998): Mein Mann, der Kommunist, 1998

Gesellschaftskritische Stellungnahmen von Schriftstellern? Wozu? Was hat Kunst mit Politik zu tun? Die sollen doch lieber etwas Neues schreiben, diese Schriftsteller, heißt es. Jemand, der unabhängig ist oder sich zumindest so fühlt, könnte etwas sagen, das nicht ins Konzept passt. Er könnte den momentanen «gesellschaftlichen Konsens» stören, den die Medien tagtäglich in ihrer Mehrheit pflegen und der in Fernseh-Quatschsendungen mit zum Teil dubiosen Leitfiguren kulminiert.

Da hält man sich lieber an die Politiker, Talkmaster oder Schauspieler, deren Floskeln und Klischeevorstellungen besser ins Bild passen. Oder man wendet sich an publizitätssüchtige Opportunisten (die es natürlich zuhauf auch unter der Autorenschaft gibt). Zum Beispiel wird einem erfolgreichen Autor in einem Zeitschriften-Interview die Frage gestellt: «Haben Sie eine Botschaft? Oder: Möchten Sie in Ihren Büchern eine Botschaft/ein Anliegen vermitteln?» Seine Antwort: «Der Leser soll sagen: Ein schönes Buch.» Das kennzeichnet eine Tendenz, mit der wir es seit einigen Jahren in der Literaturszene vermehrt zu tun haben. Bloß nicht Stellung beziehen, nicht anecken; gefällig und glatt schreiben, damit möglichst viel verkauft wird und man aufgrund des kommerziellen Erfolgs in die Illustrierten und Talkshows kommt.

Der Schriftsteller von heute ist jung, schick und heiter, gibt sich abgeklärt-illusionslos und mit allen Wassern des Umgangs mit der virtuell verdoppelten Wirklichkeit unserer Medien und Konsumgesellschaft gewaschen. Auf dem neuesten Stand der Moden und der Kommunikationstechnik zu sein gilt nicht mehr als «affirmativ» und damit verderblich ... Der Literaturbetrieb entwickelt sich zu einer Sparte der Lifestyle-Industrie, die jungen Autoren bekennen sich offensiv zum schönen Schein der Marktwirtschaft.
Richard Herzinger: Jung, schick und heiter? In: Deutsches Jahrbuch für Autoren, Autorinnen, 2000

Seltsamerweise zeigt sich gerade nach der Vereinigung der beiden deutschen Staaten eine Tendenz in den Medien, kritische Schriftsteller besonders scharf und rüde abzutun, wenn man schon nicht an ihnen vorbeikommt. An Politiker und Medienleute, soweit sie überhaupt etwas aussagen, wagt man sich nicht so leicht heran, sie könnten ja zurückschlagen. An den «Vogelfreien» kann man gefahrlos sein Mütchen kühlen und das, was man für die eigene Kompetenz hält, zur Schau stellen. Dass Autorinnen und Autoren wie Böll, Grass, Walser, Bachmann und Wolf dennoch immer wieder Ehrungen erfuhren und auch in Deutschland mit Preisen bedacht wurden, spricht allerdings für die «Szene». Immerhin erhielt der häufig diffamierte Böll 1972, der viel geschmähte Grass 1999 den Nobelpreis für Literatur – in Schweden.

> Das Schreiben ist eine der letzten Tätigkeiten, in denen sich heute Individualität herstellt, und je leidenschaftlicher sich Autor und Leser dem höchsten Gebot der Literatur, der Genauigkeit, verpflichten, desto gültiger wird sein, was sie über unser Leben in Erfahrung zu bringen vermögen.
> *Roger Willemsen: Am Anfang war das Wort. In: JULIT 4/1999*

> Kultur ist niemals das Kraftzentrum so genannter nationaler Normalität. Vielmehr ist sie der Name für alle Formen von Zweifel, von kritischer Überwindung des jeweils Normalen, der Name für geistige Innovation, für satirisches Gelächter, für Phantasie, für intellektuelle Herausforderung – aber doch auch für Trost und Entspannung und für alle jene Formen von Unterhaltung, deren Preis nicht automatisch Verdummung sein muss. Sie ist, in einem Satz, die schönste Form politischer Freiheit in einer demokratisch verfassten Gesellschaft.
> *Michael Naumann, Beauftragter der Bundesregierung für Angelegenheiten der Kultur und der Medien, in: Die Künstlergilde 1/1999*

Zensur – gibt es die?

Im Grundgesetz heißt es ausdrücklich: *«Jeder hat das Recht, seine Meinung in Wort, Schrift und Bild frei zu äußern und zu verbreiten und sich aus allgemein zugänglichen Quellen ungehindert zu unterrichten. Die Pressefreiheit und die Freiheit der Berichterstattung durch Rundfunk und*

Film werden gewährleistet. Eine Zensur findet nicht statt.» (Artikel 5, Absatz 1).

Dass aber dennoch eine Zensur stattfindet, und zwar ständig, ist jedem bekannt, der mit den Medien zu tun hat. Diese Zensur ist manchmal ganz offen und unverhüllt, manchmal subtilerer Natur, wenn sie mit bürokratischen Anordnungen und Maßnahmen bemäntelt wird. Oft ist sie auch nur dadurch gegeben, dass der Redakteur, der eine Sendung oder einen Artikel zu verantworten hat, abhängig ist und dass der Autor das weiß und deswegen darauf von vornherein Rücksicht nimmt: die «Schere im Kopf». Da dies so ist, baten einige Schriftsteller und Journalisten vor Jahren mit einem Anflug von Sarkasmus darum, man solle doch am besten die offene Zensur, wie wir sie im Feudalismus hatten, wieder einführen; dann könne dazu ein Gesetz erlassen werden, die Zensurbehörde könnte ihre Zustimmung entweder erteilen oder verweigern, und die Autoren wüssten wenigstens, woran sie sind. Daran ist etwas Wahres.

Im Jahre 1814, glorreichen Andenkens, war ich als Herausgeber eines politischen Blattes so glücklich, unter der pädagogischen Leitung eines großmächtigen Polizeidirektors und Zensors zu stehen. Ich war damals, was sich von selbst versteht, jünger als jetzt, stand in den Flegeljahren der Schriftstellerei, war ohne Scheu, freimütig, ein kleiner Hutten. In dieser glücklichen Gemütsstimmung ließ ich drucken: «Die Engländer sind Spitzbuben.» Der Herr Polizeidirektor strich ganz gelassen diesen Satz aus der Weltgeschichte und bemerkte mir freundschaftlich: ich wäre ein junger Mann, gar nicht ohne Talent, und es wäre recht schade, dass ich meinen Geist nicht auf etwas Solides legte. Sehr beschäftigt wie er war, wartete er nicht meine Erkundigung ab, was er unter Solides verstehe, sondern fügte von selbst hinzu: in der deutschen Sprache wäre noch viel zu tun und das eigentlich mein Feld, auf dem ich Ruhm und Lohn einernten könnte. Ich erwiderte hierauf: dieses Feld wäre allerdings so angenehm als fruchtbar; aber meiner Meinung nach wäre jetzt gar nicht die Zeit, wo ein braver Mann an seine Spaziergänge oder sonstige Vergnügungen denken dürfe. Wenn wir uns mit Untersuchungen über die deutsche Sprache beschäftigten, wer denn Europa in Ordnung bringen sollte? – fragte ich ihn. Ohne von dem Zensurblatte aufzublicken und mit dem Streichen einzuhalten, antwortete mir der Polizeidirektor: das ist unsere Sorge ...
Ludwig Börne (geb. 1786 in Frankfurt am Main, gest. 1837 in Paris im Exil): Bemerkungen über Sprache und Stil

Zwar kann der Schriftsteller heute zunächst einmal fast alles schreiben, was er für richtig hält. Keine staatliche Stelle wird gegen ihn Zwang ausüben, wenigstens nicht offiziell und öffentlich, soweit er nicht gegen Bestimmungen des Strafgesetzbuches verstößt, also beispielsweise Formalbeleidigungen begeht oder verleumdet. Es fragt sich nur, ob dieses Geschriebene gesendet wird oder wo es gedruckt wird und wer es liest, was unter anderem auch mit der Auflagenhöhe zusammenhängt.

Und dass man fast alles schreiben kann, bedeutet, dass man eben doch nicht alles schreiben kann. Tatsächlich gab es in Deutschland noch vor wenigen Jahrzehnten Tabuzonen, die nicht berührt werden durften, falls man nicht die allgemeine Meinung vertrat und wenn man sich nicht freiwillig in ein Abseits stellen wollte, das existenzbedrohend gewesen wäre. Zu diesen Tabuzonen gehörten zum Beispiel Probleme des Terrorismus, der Berufsverbote (von Politikern und Medien «vergessen») und der Zensur in den Medien. Autoren, die sich dazu äußerten, wurden sehr schnell als «Terrorismus-Sympathisanten» oder «Untergrund-Kommunisten» diffamiert, wobei auf das, was sie zu sagen hatten, kaum eingegangen wurde. So etwas passierte selbst bekannten Schriftstellern wie Heinrich Böll oder Günter Wallraff.

Zurzeit sind solche Reizthemen gegen die Mehrheitsmeinung die Verhältnisse in der ehemaligen DDR, überhaupt Fragen des Kommunismus und Sozialismus. Wer, wie Günter Grass, Zweifel an der bestehenden Gesellschafts- und Wirtschaftsordnung («Raubtierkapitalismus») äußert, muss mit Sanktionen rechnen. Und wer nicht so bekannt ist wie Grass, kann leicht daran scheitern.

... wir kennen Epochen, in denen die Society es sich glaubt leisten zu können, einem Drama wie dem Vietnam-Diskurs von Peter Weiß zu applaudieren, weil es hier ja um Literatur geht, und wir kennen andere Epochen, Zeiten wie unsere – Bundesrepublik Deutschland, Herbst 1974 –, in denen die regierende Klasse demonstrieren will, wer Herr im Hause ist. Dann auf einmal wird nicht mehr geklatscht und nicht einmal mehr toleriert, ja, dann wird das Erwünschte noch nicht einmal auf dem bewährten Weg der Internalisierung durchgesetzt. Dann wird verboten. Dann wird zensiert ... Noch, wie gesagt, sind's Einzelfälle, aber auch diese bereits könnten genügen, die Selbstzensur, die schon jetzt in unseren Verlagen und Rundfunkhäusern grassiert, so perfekt zu organisieren, dass sich ein direktes Verbot künftig erübrigt.

Walter Jens, in: Horst Bingel (Hg.): Phantasie und Verantwortung, 1975

Allerdings sind die Publikations- und Arbeitsbedingungen von Schriftstellern abhängig vom jeweils vorherrschenden politischen Klima, das wiederum Schwankungen und Änderungen unterworfen ist. Es gibt immer wieder Schriftsteller und Publizisten, die unabhängig von solchen «Klimaverhältnissen» unverblümt ihre Meinung sagen, Stellung beziehen, Hilfe leisten und sich – wo es ihnen nötig erscheint – Mehrheitsmeinungen, Gruppenzwängen, politischer Bevormundung oder sogar behördlichen Anordnungen oder Befehlen widersetzen.

Dass Lesen in den Köpfen etwas bewegen kann, ist eine alte Erkenntnis. Früher hieß es: «Wissen ist Macht.» Wenn aber Lesen – und auch bildliches Aufnehmen – Menschen verändern, Menschen bewusster machen kann, ist es verständlich, dass rückschrittliche Geister vieles lieber ungedruckt oder ungezeigt lassen wollen. Zu denken geben muss besonders, wenn Staatsanwaltschaft und Polizei in Aktion treten oder finanzielle Maßregelungen getroffen werden. Aber das geschieht schon lange nicht mehr so offen, wie noch in den siebziger und achtziger Jahren, als Redaktionsbüros und Buchhandlungen durchsucht, Journalisten verhaftet oder dem Filmemacher und Schriftsteller Herbert Achternbusch kurzerhand 75 000 Mark bereits bewilligter Förderungsmittel für seinen Film «Das Gespenst» gestrichen wurden (1983). «Widerwärtig, blasphemisch und säuisch», so damals der völlig ungezwungene Kommentar des bayerischen Innenministers, offenbar in Anlehnung an die Einstellung des früheren Ministerpräsidenten Strauß, der Schriftsteller als «Ratten und Schmeißfliegen» bezeichnet hatte. Dass zugleich die Richtlinien für die kulturelle Filmförderung im Sinne dieser Politik geändert wurden (anscheinend bevorzugte der Innenminister Filme wie «Heidi» oder «Der Förster vom Silberwald»), zog den Protest fast aller namhaften Filmemacher und Schriftsteller nach sich. Fraglich, ob eine solche Protestaktion, die immerhin für Aufsehen sorgte, heute noch zustande käme.

Gespenstisch war, dass keiner der Verwerter auch nur leise Einspruch erhoben hat, als die Vertreter von Kameraleuten, Pressefotografen, Journalisten, Autoren und Übersetzern dem Ministerium von schwarzen Listen und heimlichen Berufsverboten berichteten; das Gulag für Widerspenstige existiert.
Fred Breinersdorfer (VS-Vorsitzender), in: Süddeutsche Zeitung, 3. 5. 2000

... der 68er-Aufbruch hat demokratische Impulse gesetzt, von denen wir auch heute noch zehren ... Es hat Jahre gebraucht, bis endlich eine Regierungsmehrheit wie derzeit die rot-grüne Koalition die Reform des Zeugnisverweigerungsrechts und des Beschlagnahmeverbots zugunsten der Presse in Angriff genommen hat. Auch hierzulande ist das Verhältnis zwischen Presse und Journalisten auf der einen, Polizei und Staatsanwaltschaft auf der anderen Seite durchaus prekär.
Detlef Hensche (Vorsitzender der IG Medien) am 7. 6. 2001 auf einem Kongress des Verbandes deutscher Schriftsteller in Leipzig

In der heutigen «Mediengesellschaft» ist Zensur zumeist gar nicht mehr nötig; den Querköpfen sind nach und nach ihre Grenzen deutlich gemacht worden (oder die Illusionen von einer besseren Welt abhanden gekommen), und die anderen praktizieren überwiegend Opportunismus. Dennoch gab es auch in jüngster Zeit immer wieder Fälle, in denen Redakteure, Verlagsleiter oder Cheflektoren entlassen wurden, weil ihr Programm nicht den Vorstellungen der Verlagsinhaber entsprach oder die Gewinne hinter den Erwartungen zurückblieben.

Durch die Fachpresse und Feuilletons ging beispielsweise die Nachricht, dass dem sehr verdienstvollen Verlagsleiter Jochen Jung nach fünfundzwanzigjähriger Tätigkeit beim Residenz Verlag in Salzburg von heut auf morgen gekündigt worden war. Kein Einzelfall, auch in anderen renommierten Verlagen gab es ähnliche Fälle. Der Literaturkritiker und Leiter des Literaturhauses Berlin, Herbert Wiesner, nahm dazu in sehr erhellender Weise Stellung: «In den Zeitungen liest sich das ja zunächst einmal so, als seien da nur Schicksale zu beklagen, hier und da wird jemand entlassen, aber diese Entlassungen geschehen aus ganz anderen Gründen, man will damit nicht jemanden speziell treffen, sondern man will das Programm ändern, man will eigentlich eine andere Literatur» (am 13. 5. 2000 auf einer P.E.N.-Tagung in Nürnberg); jedenfalls will man keine Literatur, die den «gesellschaftlichen Konsens» in Frage stellt; sie bleibt auf der Strecke. Abgesehen davon dreht sich das Management-Karussell in den Verlagen natürlich ständig aus den unterschiedlichsten Gründen.

> Es ist nun mal so, dass die Autoren des bloßen Wortgeschehens den Mächtigen, die stets auf der Siegerbank ihr Platzrecht behaupten, gerne und wohlbedacht in die Suppe spucken ...
> *Günter Grass: Rede zur Verleihung des Literaturnobelpreises, 1999*

Auch in der Zeitungsbranche wird rigoros gesiebt. Der Reiseredakteur einer großen rheinischen Tageszeitung erhielt die fristlose Kündigung, weil er einen Artikel durchgehen ließ, der dem Verleger nicht passte; er wurde erst nach einem langwierigen Arbeitsgerichtsprozess wieder eingestellt. Nicht so glimpflich kam der leitende Redakteur einer norddeutschen Tageszeitung davon, der sich für einen gemaßregelten Kollegen und demokratische Umgangsformen in der Redaktion eingesetzt hatte; seine Kündigung blieb nach Zahlung einer Abfindung bestehen.

Beim Rundfunk sehen die Arbeitsbedingungen nicht viel anders aus, aber nur wenige Zensurfälle kommen überhaupt ans Licht. Beim Südwestrundfunk erhielt zum Beispiel ein Redakteur Mikrophonverbot, weil er im Zusammenhang mit dem Krieg gegen Jugoslawien das Wort «Angriffskrieg» benutzt hatte. Allerdings war in der Berichterstattung über diesen Konflikt in vielen Fällen eine unglaubliche Unterwürfigkeit und Kritiklosigkeit der Journalisten zu registrieren, wenn entsprechend den amtlichen Verlautbarungen, aber unzutreffend, von «Völkermord» und «Massakern» der Gegenseite gesprochen wurde. Seinerzeit ist innerhalb weniger Monate überaus deutlich geworden, wie anpassungsbereit unsere Medien sind. Diese «Hofberichterstattung» wird von offizieller Seite seit jeher massiv gefördert: durch Akklamation und Belobigung einerseits, Einschüchterung und Drohung andererseits. So nennt der Verfassungsschutzbericht für das Jahr 2000 ein Buch, in dem der Krieg gegen Jugoslawien als verfassungswidrig bewertet wird. Und der General Heinz Loquai ist vom Verteidigungsministerium entlassen worden, nachdem er in einer Rundfunksendung und in einem Buch

Tatsachen über den Krieg veröffentlicht hatte, die der nach seiner Ansicht unverantwortlichen Regierungspropaganda widersprachen (seine Darstellungen blieben unwiderlegt).

> Es herrscht ein Gesetz, das nach meiner Beobachtung von Jahr zu Jahr strikter zur Geltung kommt: Widerspruch wird bestraft, Anpassung belohnt. Es ist dies das Grundgesetz der massenweisen Produktion von Opportunismus … Wenn eine Gesellschaft sich aber ihrer Regeln und ihres Lebensgefühls so sicher geworden ist, dass die Zweifellosigkeit zur obersten Tugend wird, dann braucht sie keine Literatur, sondern höchstens etwas Unterhaltung. Und die hat sie.
> *Jurek Becker (1937–1997): Warnung vor dem Schriftsteller, 1990*

Hin und wieder geht es bei Zensurmaßnahmen oder -androhungen weniger um politische Botschaften als vielmehr um Geld. Wie rücksichtslos man sich dabei in einflussreichen Kreisen über Sitte, Anstand und Gesetz hinwegzusetzen bereit ist, hat der Medienzar Leo Kirch bei Verhandlungen über die Senderechte anlässlich der Fußballweltmeisterschaft bewiesen. Er schreckte ARD und ZDF mit der Drohung, Radioreportern der öffentlich-rechtlichen Rundfunkanstalten den Zutritt zu den Spielen zu verbieten, um damit – unter Missachtung des Verfassungsgebots der freien Berichterstattung (Artikel 5 Grundgesetz) – seinen Preisforderungen Nachdruck zu verleihen.

Alle diese Maßnahmen tragen dazu bei, dass in den Chefetagen kaum jemand ausschert. Wer will schon um Verträge prozessieren, sich öffentlich denunzieren oder ins Abseits stellen lassen? Da wird lieber geschwiegen, die Faust in der Tasche geballt, der herrschaftliche Wille programmatisch wie auch gegenüber Mitarbeitern und den Freien durchgesetzt. Von Zensur wurde ohnehin noch nie viel Aufhebens gemacht; das ist ein gefahrvolles Terrain. Die Berichterstattung darüber unterliegt nicht selten ebenfalls der Zensur. Und warum soll man sich für andere einsetzen, wenn man damit den eigenen Hals riskiert? Freiheit des Wortes und der Kunst, schön und gut, aber Job und Karriere haben im Allgemeinen Vorrang.

Die katholische Kirche setzt Bücher, die ihren Zensoren nicht passen, bis heute auf einen Index; sie verbietet – wenn auch kaum noch zur Kenntnis genommen – ihre Lektüre. Andere einflussreiche Institutionen und auch selbst ernannte Vor-Leser stellen dagegen «bloß» Leselisten auf. So empfahl der «Literaturhauptkommissar» (Süddeutsche Zeitung) Reich-Ranicki, propagiert vom «Spiegel», in einem «Kanon deutscher Dichtung» zwar Autoren wie Goethe, Schiller, Lessing, Kleist, Thomas Mann usw., aber Martin Walser, Christa Wolf oder Peter Handke gehörten nach seinem Urteil «nicht in einen Kanon für Schulen» («Der Spiegel», 25/2001). Die CDU-nahe Konrad-Adenauer-Stiftung empfiehlt in ihrer Lesevorgabe zur «Stärkung des Deutschunterrichts» neben dem Nibelungenlied und «Parzival» sogar den Roman «Die Zwille» des ultrakonservativen Ernst Jünger. Unterdessen wählen unsere mehrheitlich nicht gerade progressiven Kulturbürokraten Schullektüre schon lange nach ihrem Gusto aus. Zensur? Wo fängt sie an? Reich-Ranicki war der Meinung: «Der Verzicht auf einen Kanon würde den Rückfall in die Barbarei bedeuten.» Offensichtlich ist das Gegenteil der Fall.

> Die Analyse, die Tocqueville vor hundert Jahren gab, hat sich mittlerweile ganz bewahrheitet. Unterm privaten Kulturmonopol lässt in der Tat «die Tyrannei den Körper frei und geht geradewegs auf die Seele los. Der Herrscher sagt dort nicht mehr: du sollst denken wie ich oder sterben. Er sagt: es steht dir frei, nicht zu denken wie ich, dein Leben, deine Güter, alles soll dir bleiben, aber von diesem Tage an bist du ein Fremdling unter uns.» Was nicht konformiert, wird mit einer ökonomischen Ohnmacht geschlagen, die sich in der geistigen des Eigenbrötlers fortsetzt. Vom Betrieb ausgeschaltet, wird er leicht der Unzulänglichkeit überführt.
> *Max Horkheimer (1895–1973) und Theodor W. Adorno (1903–69):*
> *Dialektik der Aufklärung, 1969*

Nach einem Ausspruch von Heinrich Heine sind die Künste nur der Spiegel des Lebens. Sie sind insofern parteiisch und naturgemäß politisch. Das führt zu Reaktionen, Spannungen und Auseinandersetzungen, und das muss auch so sein. Denn eine demokratische Gesellschaft lebt davon, dass Gegensätze diskutiert, Fehlentwicklungen aufgedeckt, Missstände angeprangert, Perspektiven entworfen werden können. Das Zensurverbot des Grundgesetzes ist eine der wichtigsten Errungenschaften der neueren Zeit, eine Verfassungsgarantie, die wir uns durch ständige Konfliktbereitschaft in dieser Frage zu erhalten haben.

Leider fehlt es zurzeit allenthalben an dieser Konfliktbereitschaft,

und Zensur versteckt sich nur allzu oft hinter so genannten Sach-
zwängen, scheinheilig bemäntelten Boykottmaßnahmen, einer ge-
zielten Personalpolitik oder betriebsinternen Vorgaben. Viele Journalisten haben schlicht und einfach Angst vor Entlassung. So
werden brisante Vorfälle nicht selten abgetan, schwierige Themen
gar nicht erst aufgegriffen. Ein Beispiel von vielen ist die «Erfurter
Erklärung» von 1997, die in zugespitzter Weise äußerst heikle politische Fragen angesprochen hat. Sie ist in den Medien kaum er-
wähnt worden, obwohl sie das Unbehagen zahlreicher politisch
denkender Menschen in Deutschland widerspiegelt und von namhaften Schriftstellern, Wissenschaftlern, Journalisten, Gewerkschaf-
tern und Theologen unterzeichnet wurde.

Erfurter Erklärung (1997)

1. Die regierende Politik in unserem formal vereinten Land ist in einem Zustand von gnadenloser Ungerechtigkeit, Sozialverschleiß
   und fehlenden Perspektiven versunken. Im fünften Jahrzehnt ihrer
   Existenz wird in der Bundesrepublik der soziale Konsens, auf dem
   ihr Erfolg beruhte, durch radikale Umverteilung zugunsten der Ein-
   fluss-Reichen zerstört. Der kalte Krieg gegen den Sozialstaat hinter-
   lässt eine andere Republik. Was von der Bundesregierung unter der
   Vorspiegelung von Reformen verfügt wird, erweist sich als geistig-
   moralischer Bankrott ...
2. Gerechtere Verteilung der Einkommen und Güter ist die zentrale
   Aufgabe einer neuen Politik. Die deutsche Einheit wird zum
   massivsten Umverteilungsprozess von unten nach oben seit Bestehen der Bundesrepublik missbraucht ...
3. Wir brauchen eine andere Politik, also brauchen wir eine andere Regierung. Wer sie will, muss aus der Zuschauerdemokratie heraustre-
   ten. Wir brauchen eine außerparlamentarische Bewegung ... Ihr
   Sammelpunkt ist der Wunsch nach Verwirklichung der sozialen
   Menschenrechte und die Verantwortung für die Bewahrung der natürlichen Lebensgrundlagen ...
4. ... Die Schulden der einen sind die Gewinne der anderen: Jede Schul-
   denmilliarde der öffentlichen Hände macht Bund, Länder und Kom-
   munen abhängiger von den Geldgebern. Kapital ist reichlich vorhanden: Neuneinhalb Tausend Milliarden Mark macht die Summe
   der persönlichen Vermögen in der Bundesrepublik aus. Die Hälfte
   davon gehört zehn Prozent der Haushalte. Zugleich wirken ange-

kündigte Massenentlassungen wie Siegesmeldungen an der Börse ... Wer für die Benachteiligten nur noch den Zynismus «Sozialneid!» übrig hat, verhöhnt die Sozialpflicht des Eigentums nach dem Grundgesetz ... Wenn Notstand an Arbeit herrscht, muss sie neu und gerecht verteilt werden ... Wir brauchen den Einstieg in eine ökologische Steuerreform ... Die Systeme der sozialen Sicherung müssen armutssicherer gemacht werden. Der historisch-politische Auftrag des Grundgesetzes erfordert angesichts sich ausbreitender Massenarmut eine Stärkung der Prinzipien des Solidarausgleichs und der sozialen Mindestsicherung. Statt die «Zwänge» der deregulierten Güter- und Kapitalmärkte als Schicksal hinzunehmen, brauchen wir eine Regierung, die handelt: Sie muss in der Europäischen Union, der Welthandelsorganisation, gegenüber dem internationalen Währungsfonds und der Weltbank für sozialökologische und demokratische Rahmenbedingungen eintreten.

5. Wie ist das alles finanzierbar? Ein einziges Kriterium würde Entscheidendes ändern: Steuerehrlichkeit. Die Finanz- und Steuerpolitik muss ihren Kurs korrigieren. Geldtransfers, Gewinne, Groß-Erbschaften, Vermögen, Spekulationen mit Grund und Boden und Umweltzerstörung müssen spürbar stärker besteuert werden ...

Erstunterzeichner u. a.: Prof. Dr. Elmar Altvater, Frank Castorf, Probst Dr. Heino Falcke, Günter Grass, Max von der Grün, Stefan Heym, Prof. Dr. Walter Jens, Dieter Lattmann, Prof. Dr. Peter von Oertzen, Prof. Dr. Norman Paech, Ulrich Plenzdorf, MdB Dr. Edelbert Richter, Prof. Dr. Horst Eberhard Richter, Dr. Erika Runge, Friedrich Schorlemmer, Prof. Dr. Dorothee Sölle, Frank Spieth, Eckart Spoo, Prof. Dr. Uwe Wesel, Gerhard Zwerenz.

Wovon lebt ein Schriftsteller?

Alle Welt rafft. Der Zahnarzt nimmt 5000 Euro für eine Prothese, die Autowerkstatt 400 Euro für eine Inspektion, der Handwerker einen Hunderter für eine Arbeitsstunde und die Anfahrt. Börsenspekulation ist zu einem Volkssport geworden. Jeder rafft zusammen, was er kriegen kann. Für einen Überziehungskredit berechnet die Bank 17 Prozent, auf Guthaben zahlt sie drei Prozent Zinsen. Selbst die Schornsteinfeger haben erkannt, wie man zu Geld kommen kann. Jedes halbe Jahr steht unbestellt so ein schwarz gekleideter Mensch vor der Tür und hält die Hand auf, nachdem er auf dem Dach die Ziegel zertreten und in den kaum benutzten Schlot geguckt hat. Wovon aber lebt ein Schriftsteller? Ein Schriftsteller lebt von dem, was er schreibt, könnte man versucht sein zu antworten. Aber das stimmt nicht, er muss das Geschriebene ja noch verkaufen. Und wenn das geglückt ist, erhält der Schriftsteller ein Honorar. Das setzt allerdings zumeist nicht er fest, sondern die Redaktion oder der Verlag.

Bei manchen Artikeln, Reportagen oder Verlagsverträgen kann noch ein bisschen gehandelt werden, aber im Durchschnitt liegt die Provision für Taschenbücher und gebundene Bücher zur Zeit bei fünf bis zwölf Prozent vom Ladenverkaufspreis oder dem um den Mehrwertsteuersatz verminderten Ladenpreis. Werden Buchlizenzen oder sonstige Nebenrechte (Vorabdrucke, Nachdrucke, Übersetzungen, Verfilmungen usw.) verkauft, erhält der Schriftsteller 50 bis 60 Prozent vom Nettoerlös, 40 bis 50 Prozent behält der Verlag. Für ein Gedicht in der Zeitung gibt es vielleicht 50 Euro (falls Primärliteratur überhaupt noch abgedruckt wird), für eine Kurzgeschichte 300 Euro, wo eine Anzeige derselben Größe 30 000 Euro kostet.

> Mancher wird sich fragen, ob wir Autoren nicht andere Sorgen haben, als uns um unser Eigentumsrecht und den Stand unserer Rechte zu kümmern. Wir haben andere Sorgen – private, existentielle, ästhetische, politische, aber der größere Teil von uns hat auch finanzielle Sorgen ... ich will niemand Honorar wegnehmen, nur feststellen, dass die Produktiven im Gegensatz zu den Reproduktiven nicht immer angemessen honoriert werden – ein junger Autor erzählte mir, dass er als Sprecher eines Hörspiels, das ein anderer geschrieben hat, mehr verdient hat als an einem eigenen Hörspiel.
>
> *Heinrich Böll (1917–1985), in: Die Zeit, 16. 12. 1983*

Wen wundert es da noch, dass unter diesen Bedingungen die wenigsten Schriftsteller von ihrer Arbeit vernünftig leben können. Indem sie ihre Manuskripte liefern, beschäftigen sie zwar ganze Industrien und Handelsbereiche. Aber man kann sich immer wieder des Eindrucks nicht erwehren, dass manchem Verleger ein kreativer Schreibcomputer, der keine prozentuale Beteiligung beansprucht, erheblich lieber wäre. Nun scheint der technische Fortschritt hier an seine Grenzen gestoßen zu sein. Wo es diese natürlichen Grenzen allerdings nicht gibt, wird eine rigorose Enteignung von Autorenrechten betrieben. Texte werden gescannt, hin und her gefaxt, ohne Wissen des Autors ins Internet übernommen und weltweit digital genutzt. Bibliotheken verleihen täglich Millionen von Büchern. Fotokopiergeräte in Schulen, Universitäten, Büchereien und Kopierläden stellen Tag für Tag Millionen von Ablichtungen an und für sich urheberrechtlich geschützter Schriftwerke her. Und auch die vom Schriftstellerverband vor wenigen Jahren durchgesetzte Fotokopierabgabe (für das Jahr 2000 insgesamt 57,59 Millionen Mark) und die Bibliotheksabgabe (18,5 Millionen Mark) können hier nur eine bescheidene Abfindung bringen.

Übrigens erlöschen die Urheberrechte 70 Jahre nach dem Tode des Urhebers (§ 64 Urheberrechtsgesetz), was zur Folge hat, dass Verlage die älteren Werke honorarfrei nachdrucken dürfen. Das ist eine Merkwürdigkeit in unserer sonst sehr auf Eigentumsrechte bedachten Gesellschaftsordnung. Denn bekanntlich gehen Häuser, Grundstücke, Bauernhöfe oder Fabriken 70 Jahre nach dem Tode des ursprünglichen Rechtsinhabers nicht in Gemeineigentum über.

Es ist doch merkwürdig, dass die anbetungswürdige Heiligkeit des Privateigentums vom Gesetzgeber nur da aufgehoben wird, wo es um Urheberrechte geht ... Was die Ausbeutung verstorbener Urheber betrifft, so hätte ich da für einen Doktoranden der Nationalökonomie ein paar Vorschläge zu machen: doch einmal, wenn auch nur annähernd, zu erforschen, was ein Lied von Schubert inzwischen allen Beteiligten außer Schubert und seinen möglichen Nachkommen eingebracht hat, oder was Dostojewski oder Tolstoi, alle Film-, Funk-, Buch- und Fernsehrechte eingeschlossen, eingebracht haben. Wahrscheinlich wären Krupp oder Klöckner stolz auf einen solchen Umsatz ...
Heinrich Böll (1917–1985): Ende der Bescheidenheit. In: Bernt Engelmann (Hg.): VS vertraulich, Band 3, 1979

Auch in anderen Bereichen wird über Autoreninteressen und Autorenrechte – manchmal nur aus Gedankenlosigkeit – hinweggegangen. Für die Büchereien war es früher selbstverständlich, dass solide gebundene, möglichst fadengeheftete Leinen- oder Pappbände (Hardcover) gekauft wurden. Denn die Erfahrung hatte gelehrt, dass Taschenbücher schnell zerfleddert und zerknickt waren und dass es auf die Dauer billiger kam, einen etwas höheren Anschaffungspreis zu bezahlen, anstatt jedes Jahr ein neues Taschenbuch zu kaufen oder die Paperbacks andauernd ausbessern zu lassen. Aber bedingt durch die Mittelstreichungen in den öffentlichen Kulturetats sind viele Bibliothekare dazu übergegangen, die billigeren Taschenbuchausgaben abzuwarten, um sie dann mit stabilen Einbänden versehen zu lassen. Die Kosten für die Bindearbeiten (die jedoch aus einem anderen Etatposten gezahlt werden) sind höher als der Anschaffungspreis des Buches. Und der Autor ist nur am Verkaufserlös des billigeren Taschenbuchs beteiligt, das nun von vielen Menschen ausgeliehen und gelesen werden kann. Wovon soll ein Schriftsteller leben, wenn nicht von Honoraren? Man kann nicht ständig und überall von der Informations- und Mediengesellschaft schwärmen, zugleich aber die Situation der Kreativen völlig außer Acht lassen.

> Spitzwegs «Armer Poet» täuscht in doppeltem Sinn: so bescheiden – aber auch so sorglos lässt sich nämlich nicht mehr leben! Wo nahezu alle gegen das Risiko ihres Berufs, ihres Alters, ihrer Krankheiten und den Ruin ihrer Arbeitskraft abgesichert sind, wird das Dasein für den unabhängigen Autor (nennen wir ihn noch einen Augenblick so) zu einem Trapezakt ohne Netz – und ohne Dachkammer.
> *Martin Gregor-Dellin, in: Dieter Lattmann (Hg.): Entwicklungsland Kultur, 1973*

Manche Verlage bringen sogar Taschenbücher zu Fernsehserien heraus. Da gibt es zum Beispiel das bekannte Jugendbuch «Die rote Zora» auf knapp ein Drittel des ursprünglichen Umfangs gekürzt als Paperback mit dem Untertitel «Die Burg der Uskoken» und dem Hinweis: «Der Fernsehserie nacherzählt von ...» Auf dem Umschlag steht groß der Name des Bearbeiters. Den Namen des Autors Kurt Held sucht man hier freilich vergebens; er findet sich klein und unscheinbar auf der ersten Titelseite im Buch. Selbst wenn die Inhaber der Autorenrechte – der Originalverlag oder die Erben – mit einer solchen Regelung einverstanden gewesen sein sollten, stellt sich doch die Frage, ob das noch seriös genannt werden kann.

Es fragt sich weiter, ob derartige Missstände lediglich aus Gedankenlosigkeit zustande kommen oder ob nicht vielmehr manche Verlage und «Verwerter» bei der kommerziellen Ausnutzung bereits vorliegender Werke jegliche moralischen Maßstäbe verloren haben. Viel wichtiger noch ist die Frage, ob derartige Vorgehensweisen rechtlich überhaupt zulässig sind. Aber wo kein Kläger ist, da ist kein Richter, und außerdem sitzen die Verlage fast immer am längeren Hebel. Wirkungsvoll wehren können sich Schriftsteller nur über ihren Verband (s. S. 118 ff.) oder falls sie bereits berühmt sind.

Vom Finanzamt werden Schriftsteller als freie Unternehmer eingestuft. Sie haben daher neben der Einkommensteuer noch Umsatzsteuer – in Form der Mehrwertsteuer – zu zahlen. Diese Regelung ist insofern problematisch, als die Mehrwertsteuer (eine Verbrauchssteuer) zum Teil nicht auf die Käufer von Manuskripten und sonstigen Autorenleistungen abgewälzt werden kann: Rundfunk, Fernsehen, Stadtbüchereien, Kulturämter oder Volkshochschulen zahlen zum Beispiel bis heute keine Mehrwertsteuer auf die Honorare; sie ist angeblich im Gesamtbetrag enthalten, und der Schriftsteller-«Unternehmer» muss sie von seinem Honorar abzweigen. Deswegen wurde vor Jahren die Forderung nach einer Befreiung von der Umsatzsteuerpflicht erhoben. Dagegen gab es jedoch Widerspruch auch aus den eigenen Reihen, weil gezahlte Mehrwertsteuer als so genannte Vorsteuer vom Gewinn abgezogen werden kann, sodass bei größeren Anschaffungen durch den reduzierten Mehrwertsteuersatz für Schriftsteller sogar rückzahlbare Überschüsse entstehen können.

> Ausgewertet wurden die Daten der Künstlersozialkasse von 1993 ... das durchschnittliche Einkommen betrug bei Künstlern im Osten pro Jahr nur DM 14.414 und im Westen DM 19.789.
> *Imre Török, in: VS-Handbuch, 1999*

Immer wieder wird geklagt, dass zu wenig neue Theaterstücke entstehen. Das ist kein Wunder, denn die Honorar- und Arbeitsbedingungen für Theaterautoren sind nicht die besten. Ähnlich wie beim Fernsehen werden Autoren häufig nur als Zulieferer von «Textmaterial» angesehen, das Intendanten, Dramaturgen und Regisseure nach ihrem Gusto verwerten. Außerdem ist es günstiger, Klassiker wie Goethe, Schiller, Lessing, Shakespeare oder alte Griechen aufzuführen; die sind frei und man kann eventuell durch beliebige Umarbeitung noch ein Honorar in die eigene Tasche fließen lassen.

> Wenn einmal die Geschichte des Theaters im 20. Jahrhundert geschrieben werden wird, dann wird sich das Theater von heute den ungeheuerlichen Vorwurf machen lassen müssen, dass es in einer Zeit, da es mit Subventionen förmlich gemästet wurde wie noch nie in seiner Geschichte, nichts unternommen hat, die Theaterautoren, die ja auch leben wollen, mitzuernähren. Kein Wunder, dass die Generation, die mit mir zu schreiben begonnen hat, von Martin Walser über Peter Weiß bis zu Heinar Kipphardt, keine Theaterstücke mehr schreibt.
> *Rolf Hochhuth, in: Bernt Engelmann (Hg.): VS vertraulich. Band 4, 1980*

Allerdings hat sich die Situation in letzter Zeit gebessert. Wie zur Zeit überall, sind junge Autoren gefragt; hier und da entstanden so genannte Autorenbühnen, wo überwiegend zeitgenössische Autoren zum Zuge kommen und auch Stücke gemeinsam erarbeitet werden; die Zahl der Uraufführungen ist innerhalb weniger Jahre auf etwa das Doppelte gestiegen (jährlich 100 bis 120 bundesweit), und die uraufgeführten Stücke werden von anderen Theatern sogar nachgespielt, was sich positiv auf die Honorare auswirkt. Dennoch ist nach wie vor eine deutliche Zurückhaltung bei den gestandenen Autorinnen und Autoren zu registrieren.

In der Bundesrepublik gibt es heute nach groben Schätzungen mehrere tausend Berufsschriftsteller, von denen jedoch die meisten kaum das Existenzminimum verdienen. Freilich könnte man sagen, es werde niemand gezwungen, Berufsschriftsteller zu werden. Es böte sich an, als Redakteur oder Lehrerin zu arbeiten, als Amtsrichter, Bankangestellte oder Germanistikprofessor, und nebenbei zu schreiben. Kommen wir aber zu dem Schluss, dass für einen Kulturstaat Schriftsteller wichtig sind, die sich unabhängig halten, dann muss ihnen auch die Möglichkeit dazu gelassen werden.

Honorare – eine Übersicht

Von einem Hardcover-Buch zum Ladenpreis von 20 Euro (an dem der Autor vielleicht zwei oder drei Jahre gearbeitet hat) sind im

Laufe eines Jahres 5000 Exemplare verkauft worden. Der Autor erhält laut Vertrag zehn Prozent vom Ladenverkaufspreis, also 10 000 Euro.

Noch im Erscheinungsjahr verkauft der Verlag eine Taschenbuchlizenz. Dieses Nebenrecht wird wie folgt abgerechnet:

Vertraglich vereinbartes Garantiehonorar: 5000 EURO
verrechnet zu 5 % vom Nettoladenverkaufspreis auf 10 000 Exemplare
An den Autor gezahlte Tantieme
(Nebenrechtsregelung: 60 % Autor/40 % Verlag): 3000 EURO

Von diesen Einnahmen hat der Berufsschriftsteller noch Steuern, Kranken- und Altersversicherung sowie Unkosten für Arbeitsmittel, Recherchen, Arbeitszimmer usw. zu zahlen. Ein deutscher Oberstudienrat (40 Jahre alt, verheiratet, zwei Kinder) verfügt vergleichsweise über ein Jahresnettoeinkommen (einschließlich 13. Monatsgehalt) von etwa 42 000 EURO. Damit wird deutlich, wie groß das Missverhältnis zwischen schriftstellerischer Arbeit und ihrer Vergütung sein kann. Die Einkünfte aus Lesungen in Bibliotheken, Volkshochschulen, Jugendzentren usw. sind in letzter Zeit ebenfalls zurückgegangen (immer wird zuerst an der Kultur gespart, und Leseförderung hat kaum einen Stellenwert).

> Es besteht ein Zusammenhang zwischen sozialer Sicherung und verlässlichen Einkommensbedingungen für Autorinnen und Autoren, Übersetzerinnen und Übersetzern auf der einen und der Qualität, der Verbreitung und dem Ansehen der Literatur auf der anderen Seite. Anders gewendet: Literaturpolitik ist auch Sozialpolitik für Literaten.
> *Detlef Hensche (Vorsitzender der IG Medien) am 7. 6. 2001 auf einem Kongress des Verbandes deutscher Schriftsteller in Leipzig*

Ein Schriftsteller muss schon sehr hohe Auflagen erreichen, um von seiner Arbeit menschenwürdig leben zu können. Verdient er in einem Jahr viel, weil sich ein Buch gut verkauft und er vielleicht noch einen hoch dotierten Preis dafür erhalten hat (nur Preise für das Gesamtwerk sind nicht zu versteuern), kommt er in die Steuerprogression und muss beträchtliche Steuern zahlen. Verdient er in den nächsten Jahren wenig, weil er an einem neuen Buch arbeitet, sitzt ihm ständig das Finanzamt mit hohen Vorauszahlungsforderungen im Nacken.

Da Berufsschriftsteller vom Finanzamt als freie Unternehmer eingestuft werden, haben sie zum Jahresende eine Gewinn- und Verlustabrechnung aufzustellen, die (etwas vereinfacht) bei mittlerem Einkommen derzeit wie folgt aussehen könnte:

I. Einnahmen
aus schriftstellerischer Tätigkeit laut
Einnahmeverzeichnis   = 40 000 EURO

II. Ausgaben

Büromaterial	700	
Porto	600	
Telefon, Internet	1500	
Kopierkosten/Schreibarbeiten	2100	
Fachliteratur	400	
Abonnements für Zeitungen und Zeitschriften	500	
Mitgliedsbeiträge Schriftstellerverband etc.	700	
Reisekosten	4000	
Bewirtungsaufwendungen	600	
Anteilige Kraftfahrzeugkosten	1500	
Arbeitszimmer	1400	
Geringwertige Anlagegüter	1200	
Abschreibung auf Anlagegüter	1100	
Gezahlte Mehrwertsteuer	<u>1700</u>	= 18 000 EURO

III. Verdienst   = 22 000 EURO

Mit einer für das Jahr 2002 geplanten Novellierung des alten Urheberrechtsgesetzes wird für Urheber ein «gesetzlicher Anspruch auf angemessene Vergütung für jede Nutzungsart» angestrebt. Diese Vergütung soll in Einzelfällen auch rückwirkend festgesetzt werden können (wenn im Rahmen bereits bestehender Verträge nach Inkrafttreten des neuen Gesetzes weitere Verwertungen stattfinden). Außerdem sollen die Interessenverbände der Urheber die Möglichkeit erhalten, mit Werknutzern oder auch den Verbänden der Verwerter Gesamtverträge auszuhandeln, die Mindestbedingungen enthalten und Grundlage der Einzelverträge mit Autoren und Künstlern sein sollen.

Die Verwerter sehen darin einen Eingriff in ihre Vertragsfreiheit; sie befürchten erhebliche Nachforderungen und Beeinträchtigungen ihrer Arbeit. Vertreter des Börsenvereins des Deutschen Buchhandels beabsichtigen bis vor das Bundesverfassungsgericht zu gehen, falls einzelne Bestimmungen nicht revidiert werden.

Nach dem «Professorenentwurf» vom Mai 2000 zur Novellierung des Urheberrechtsgesetzes betrug der Anteil urheberrechtsbezogener Wirtschaftszweige an der nationalen Bruttowertschöpfung 3,6 Prozent mit steigender Tendenz. Dem stand ein durchschnittliches Jahreseinkommen freischaffender Urheber und ausübender Künstler aus schöpferischer Tätigkeit von 20 000 DM gegenüber.

Wenn zum Beispiel nur 56 % der Freien Autoren angeben, sich um ihre Verträge zu kümmern, und ein sehr großer Teil von ihnen (46 %) mit seiner derzeitigen Interessenvertretung völlig zufrieden ist, dann ist eher zu vermuten, dass auch heutzutage noch insbesondere viele Schriftsteller ihre materiellen Probleme mit «ideellen Werten» kompensieren ...

Geistige Arbeiter durften und dürfen es sich nämlich «zur Ehre anrechnen, zu einem Stande zu zählen, in dem die Zufriedenheit nicht nach der Höhe des Stundenlohnes gemessen werden kann ... (sie) wissen, dass der Mensch nicht vom Brot allein lebt, sondern von Glück, Ehre, Würde, Poesie, Geist, Schönheit und unvergoltenem Dienst am anderen».

Was Professor Wilhelm Röpke 1959 bei einer Feierstunde des Börsenvereins für den deutschen Buchhandel den Buchhändlern zumutete, funktionierte lange genug auch als Taktik gegenüber anderen Berufen in der Kulturindustrie. Mit biblischen Wortspenden, wie man sie aus mancher Deutschstunde noch im Ohr hat, verbrämte sich eine offenbar erfolgreiche unternehmerische Praxis, die zugegebenermaßen berechtigte, aber «niedere» materielle Interessen mit anerzogenen, allgemein verehrten und beliebten «höheren geistigen Idealen» abzuspeisen gewohnt war. Dabei konnte man auf eine alte, lange Zeit kaum grundsätzlich bezweifelte Tradition zurückgreifen, die Theodor Geiger folgendermaßen umschreibt:

«Die Antike hat den Grundsatz entwickelt, dass geistige Leistung nicht als Ware gehandelt oder als Lohnarbeit abgegolten werden kann, und dieser Gedanke ist sogar in Rechtsbegriffen festgelegt. Geistige

Schöpfung ist opus liberale und hat als solches keinen Marktpreis. Der Empfänger soll nicht glauben, das Werk mit Geld aufwiegen zu können, und der Urheber kann es nicht mit seiner Berufsehre vereinbaren, das Gnadengeschenk der Muse zu verhökern, wie der Handwerker ein Paar Schuhe verkauft. Er fordert weder einen Preis für das Werk noch Lohn für die Arbeit, sondern empfängt ein honorarium – einen Ehrensold. Diese Vorstellung hat sich bis in unsere, im Übrigen von nüchternem Erwerbsdenken beherrschte Zeit erhalten und beeinflusst in schlecht abgewogener Verquickung mit dem Marktprinzip die wirtschaftliche Existenzform vieler Kulturberufe.»
Karla Fohrbeck und Andreas J. Wiesand: Der Autorenreport, 1972

Normvertrag für den Abschluss von Verlagsverträgen
(vom 19. 10. 1978 in der ab 1. 4. 1999 gültigen Fassung)

Der Verband deutscher Schriftsteller (VS) in der IG Medien und der Börsenverein des Deutschen Buchhandels e. V. – Verleger-Ausschuss – haben 1978 und 1999 den nachfolgenden Normvertrag für den Abschluss von Verlagsverträgen vereinbart und sich verpflichtet, darauf hinzuwirken, dass ihre Mitglieder nicht ohne sachlich gerechtfertigten Grund zu Lasten der Autoren von diesem Normvertrag abweichen. Inzwischen haben ihn viele Verlage so oder nur leicht verändert übernommen.

Natürlich können diese Vertragsbedingungen nicht erzwungen werden, denn es herrscht Vertragsfreiheit. Aber auch bei Abweichungen sind sie als Vergleichsmaßstab dienlich. Autoren sollten sich vor Vertragsabschlüssen jedenfalls die Mühe machen, den Normvertrag aufmerksam durchzulesen, der bei näherem Hinsehen weniger kompliziert ist, als es scheint. Das kann viel Ärger und nachträgliche Auseinandersetzungen ersparen. Nach der Novellierung des Urheberrechts werden einige Paragraphen dieses Mustervertrages anzupassen sein.

§ 1
Vertragsgegenstand

1. Gegenstand dieses Vertrages ist das vorliegende/noch zu verfassende Werk des Autors unter dem Titel/Arbeitstitel: ... (Ggfs. einsetzen: vereinbarter Umfang des Werks, Spezifikation des Themas usw.)

2. Der endgültige Titel wird in Abstimmung zwischen Autor und Verlag festgelegt, wobei der Autor dem Stichentscheid des Verlages zu widersprechen berechtigt ist, soweit sein Persönlichkeitsrecht verletzt würde.

3. Der Autor versichert, dass er allein berechtigt ist, über die urheberrechtlichen Nutzungsrechte an seinem Werk zu verfügen, und dass er, soweit sich aus § 14 Absatz 3 nichts anderes ergibt, bisher keine den Rechtseinräumungen dieses Vertrages entgegenstehende Verfügung getroffen hat. Das gilt auch für die vom Autor gelieferten Text- oder Bildvorlagen, deren Nutzungsrechte bei ihm liegen. Bietet er dem Verlag Text- oder Bildvorlagen an, für die dies nicht zutrifft oder nicht sicher ist, so hat er den Verlag darüber und über alle ihm bekannten oder erkennbaren rechtlich relevanten Fakten zu informieren. Soweit der Verlag den Autor mit der Beschaffung fremder Text- oder Bildvorlagen beauftragt, bedarf es einer besonderen Vereinbarung.

4. Der Autor ist verpflichtet, den Verlag schriftlich auf im Werk enthaltene Darstellungen von Personen oder Ereignissen hinzuweisen, mit denen das Risiko einer Persönlichkeitsverletzung verbunden ist. Nur wenn der Autor dieser Vertragspflicht in vollem Umfang nach bestem Wissen und Gewissen genügt hat, trägt der Verlag alle Kosten einer eventuell erforderlichen Rechtsverteidigung. Wird der Autor wegen solcher Verletzungen in Anspruch genommen, sichert ihm der Verlag seine Unterstützung zu, wie auch der Autor bei der Abwehr solcher Ansprüche gegen den Verlag mitwirkt.

§ 2
Rechtseinräumungen

1. Der Autor überträgt dem Verlag räumlich unbeschränkt für die Dauer des gesetzlichen Urheberrechts das ausschließliche Recht zur Vervielfältigung und Verbreitung (Verlagsrecht) des Werkes für alle Druck- und körperlichen elektronischen Ausgaben ... sowie für alle Auflagen ohne Stückzahlbegrenzung für die deutsche Sprache.

2. Der Autor räumt dem Verlag für die Dauer des Hauptrechts gemäß Absatz 1 und § 5 Absatz 2 außerdem folgende ausschließliche Nebenrechte – insgesamt oder einzeln – ein:

a) Das Recht des ganzen oder teilweisen Vorabdrucks und Nachdrucks, auch in Zeitungen und Zeitschriften;

b) das Recht der Übersetzung in eine andere Sprache oder Mundart;

c) das Recht zur Vergabe von Lizenzen für deutschsprachige Ausgaben in anderen Ländern sowie für Taschenbuch-, Volks-, Sonder-, Reprint-, Schul- oder Buchgemeinschaftsausgaben oder andere Druck- und körperlichen elektronischen Ausgaben;

d) das Recht der Herausgabe von Mikrokopieausgaben;

e) das Recht zu sonstiger Vervielfältigung, insbesondere durch fotomechanische oder ähnliche Verfahren (z. B. Fotokopie);

f) das Recht zur Aufnahme auf Vorrichtungen zur wiederholbaren Wiedergabe mittels Bild- oder Tonträger (z. B. Hörbuch), sowie das Recht zu deren Vervielfältigung, Verbreitung und Wiedergabe;

g) das Recht zum Vortrag des Werks durch Dritte;

h) die am Werk oder seiner Bild- oder Tonträgerfixierung oder durch Lautsprecherübertragung oder Sendung entstehenden Wiedergabe- und Überspielungsrechte;

i) das Recht zur Vergabe von deutsch- oder fremdsprachigen Lizenzen in das In- und Ausland zur Ausübung der Nebenrechte a) bis h).

3. Darüber hinaus räumt der Autor dem Verlag für die Dauer des Hauptrechts gemäß Absatz 1 weitere ausschließliche Nebenrechte – insgesamt oder einzeln – ein:

a) Das Recht zur Bearbeitung als Bühnenstück sowie das Recht der Aufführung des so bearbeiteten Werkes;

b) das Recht zur Verfilmung einschließlich der Rechte zur Bearbeitung als Drehbuch und zur Vorführung des so hergestellten Films;

c) das Recht zur Bearbeitung und Verwertung des Werks im Fernsehfunk einschließlich Wiedergaberecht;

d) das Recht zur Bearbeitung und Verwertung des Werks im Hörfunk, z. B. als Hörspiel einschließlich Wiedergaberecht;

e) das Recht zur Vertonung des Werks;

f) das Recht zur Vergabe von Lizenzen zur Ausübung der Nebenrechte a) bis e) ...

5. Für die Rechtseinräumungen nach Absatz 2 bis 4 gelten folgende Beschränkungen:

a) Soweit der Verlag selbst die Nebenrechte gemäß Absatz 2 und 3 ausübt, gelten für die Ermittlung des Honorars die Bestimmungen über das Absatzhonorar nach § 4 anstelle der Bestimmungen für die Verwertung von Nebenrechten ...

b) Der Verlag darf das ihm nach Absatz 2 bis 4 eingeräumte Vergaberecht nicht ohne Zustimmung des Autors abtreten. Dies gilt nicht gegenüber ausländischen Lizenznehmern ...

c) Das Recht zur Vergabe von Nebenrechten nach Absatz 2 bis 4 endet mit der Beendigung des Hauptrechts gemäß Absatz 1; der Bestand bereits abgeschlossener Lizenzverträge bleibt hiervon unberührt.

d) Ist der Verlag berechtigt, das Werk zu bearbeiten oder bearbeiten zu lassen, so hat er Beeinträchtigungen des Werkes zu unterlassen, die geistige und persönliche Rechte des Autors am Werk zu gefährden geeignet sind. Im Falle einer Vergabe von Lizenzen zur Ausübung der Nebenrechte gemäß Absatz 2 und Absatz 3 wird der Verlag darauf hinwirken, dass der Autor vor Beginn einer entsprechenden Bearbeitung des Werkes vom Lizenznehmer gehört wird ...

§ 3
Verlagspflicht

1. Das Werk wird zunächst als ... -Ausgabe (z. B. Hardcover, Paperback, Taschenbuch, CD-ROM) erscheinen; nachträgliche Änderungen der Form der Erstausgabe bedürfen des Einvernehmens mit dem Autor.
2. Der Verlag ist verpflichtet, das Werk in der in Absatz 1 genannten Form zu vervielfältigen, zu verbreiten und dafür angemessen zu werben.
3. Ausstattung, Buchumschlag, Auflagenhöhe, Auslieferungstermin, Ladenpreis und Werbemaßnahmen werden vom Verlag nach pflichtgemäßem Ermessen unter Berücksichtigung des Vertragszwecks sowie der im Verlagsbuchhandel für Ausgaben dieser Art herrschenden Übung bestimmt.
4. Das Recht des Verlags zur Bestimmung des Ladenpreises nach pflichtgemäßem Ermessen schließt auch dessen spätere Herauf- oder Herabsetzung ein. Vor Herabsetzung des Ladenpreises wird der Autor benachrichtigt.
5. Als Erscheinungstermin ist vorgesehen: ... Eine Änderung des Erscheinungstermins erfolgt in Absprache mit dem Autor.

§ 4
Absatzhonorar für Verlagsausgaben

1. Der Autor erhält für jedes verkaufte und bezahlte Exemplar ein Honorar auf der Basis des um die darin enthaltene Mehrwertsteuer verminderten Ladenverkaufspreises (Nettoladenverkaufspreis).
Oder: Der Autor erhält für jedes verkaufte und bezahlte Exemplar ein Honorar auf der Basis des um die darin enthaltene Mehrwertsteuer verminderten Verlagsabgabepreises (Nettoverlagsabgabepreis). In diesem Falle ist bei der Vereinbarung des Honorarsatzes die im Vergleich zum Nettoladenverkaufspreis geringere Bemessungsgrundlage zu berücksichtigen.
Oder: Der Autor erhält ein Honorar auf der Basis des mit der Verlagsausgabe des Werkes erzielten, um die Mehrwertsteuer verminderten Umsatzes (Nettoumsatzbeteiligung) ...
2. Das Honorar für die verschiedenen Arten von Ausgaben (z. B. Hardcover, Taschenbuch usw.) beträgt für

a) ... -Ausgaben ... % vom Preis gemäß Absatz 1. Es erhöht sich nach dem Absatz des Werkes von ... bis ... Exemplaren auf ... %; von ... bis ... Exemplaren auf ... %; ab ... Exemplaren auf ... %.

b) ... -Ausgaben ... % vom Preis gemäß Absatz 1. Es erhöht sich ...

3. Auf seine Honoraransprüche – einschließlich der Ansprüche aus § 5 – erhält der Autor einen Vorschuss in Höhe von EURO ... Dieser Vorschuss ist fällig zu ... % bei Abschluss des Vertrages, zu ... % bei Ablieferung des Manuskripts gemäß § 1 Absatz 1 und § 6 Absatz 1, zu ... % bei Erscheinen des Werkes, spätestens am ...

4. Der Vorschuss gemäß Absatz 3 stellt ein garantiertes Mindesthonorar für dieses Werk dar. Er ist nicht rückzahlbar, jedoch mit allen Ansprüchen des Autors aus diesem Vertrag verrechenbar.

5. Pflicht-, Prüf-, Werbe- und Besprechungsexemplare sind honorarfrei ...

6. Ist der Autor mehrwertsteuerpflichtig, zahlt der Verlag die auf die Honorarbeträge anfallende gesetzliche Mehrwertsteuer zusätzlich.

7. Honorarabrechnungen und Zahlungen erfolgen halbjährlich zum 30. Juni und zum 31. Dezember innerhalb der auf den Stichtag folgenden 3 Monate. Oder: Honorarabrechnungen und Zahlungen erfolgen zum 31. Dezember jedes Jahres innerhalb der auf den Stichtag folgenden drei Monate. Der Verlag leistet dem Autor entsprechende Abschlagszahlungen, sobald er Guthaben von mehr als EURO ... feststellt ...

8. Der Verlag ist verpflichtet, einem vom Autor beauftragten Wirtschaftsprüfer, Steuerberater oder vereidigten Buchsachverständigen zur Überprüfung der Honorarabrechnungen Einsicht in die Bücher und Unterlagen zu gewähren. Die hierdurch anfallenden Kosten trägt der Verlag, wenn sich die Abrechnungen als fehlerhaft erweisen.

9. Nach dem Tode des Autors bestehen die Verpflichtungen des Verlags nach Absatz 1 bis 8 gegenüber den durch Erbschein ausgewiesenen Erben, die bei einer Mehrzahl von Erben einen gemeinsamen Bevollmächtigten zu benennen haben.

§ 5
Nebenrechtsverwertung

1. Der Verlag ist verpflichtet, sich intensiv um die Verwertung der ihm eingeräumten Nebenrechte innerhalb der für das jeweilige Nebenrecht unter Berücksichtigung von Art und Absatz der Originalausgabe angemessenen Frist zu bemühen und den Autor auf Verlangen zu informieren. Bei mehreren sich untereinander ausschließenden Verwertungsmöglichkeiten wird er die für den Autor materiell und idecll möglichst günstige wählen, auch wenn er selbst bei dieser Nebenrechtsverwertung konkurriert. Der Verlag unterrichtet den Autor unaufgefordert über erfolgte Verwertungen und deren Bedingungen.

2. Verletzt der Verlag seine Verpflichtungen gemäß Absatz 1, so kann der Autor die hiervon betroffenen Nebenrechte – auch einzeln – nach den Regeln des § 41 UrhG zurückrufen; der Bestand des Vertrages im Übrigen wird hiervon nicht berührt.

Der aus der Verwertung der Nebenrechte erzielte Erlös wird zwischen Autor und Verlag geteilt, und zwar erhält der Autor ... % bei den Nebenrechten des § 2 Absatz 2; ... % bei den Nebenrechten des § 2 Absatz 3. (Bei der Berechnung des Erlöses wird davon ausgegangen, dass in der Regel etwaige aus der Inlandsverwertung anfallende Agenturprovisionen und ähnliche Nebenkosten allein auf den Verlagsanteil zu verrechnen, für Auslandverwertung anfallende Nebenkosten vom Gesamterlös vor Aufteilung abzuziehen sind.) Soweit Nebenrechte durch Verwertungsgesellschaften wahrgenommen werden, richten sich die Anteile von Verlag und Autor nach deren satzungsgemäßen Bestimmungen ...

§ 6
Manuskriptablieferung

Der Autor verpflichtet sich, dem Verlag bis spätestens ... / binnen ... das vollständige und vervielfältigungsfähige Manuskript gemäß § 1 Absatz 1 (einschließlich etwa vorgesehener und vom Autor zu beschaffender Bildvorlagen) mit Maschine geschrieben oder in folgender Form zu übergeben: ...

§ 7
Freiexemplare

1. Der Autor erhält für seinen eigenen Bedarf ... Freiexemplare. Bei der Herstellung von mehr als ... Exemplaren erhält der Autor ... weitere Freiexemplare ...

2. Darüber hinaus kann der Autor Exemplare seines Werkes zu einem Höchstrabatt von ... % vom Ladenpreis vom Verlag beziehen.

3. Sämtliche gemäß Absatz 1 oder 2 übernommenen Exemplare dürfen nicht weiterverkauft werden.

§ 8
Satz, Korrektur

1. Die erste Korrektur des Satzes wird vom Verlag oder von der Druckerei vorgenommen. Der Verlag ist sodann verpflichtet, dem Autor in allen Teilen gut lesbare Abzüge zu übersenden, die der Autor unverzüglich honorarfrei korrigiert und mit dem Vermerk «druckfertig» versieht; durch diesen Vermerk werden auch etwaige Abweichungen vom Manuskript genehmigt.

Abzüge gelten auch dann als «druckfertig», wenn sich der Autor nicht innerhalb angemessener Frist nach Erhalt zu ihnen erklärt hat.

2. Nimmt der Autor Änderungen im fertigen Satz vor, so hat er die dadurch entstehenden Mehrkosten – berechnet nach dem Selbstkostenpreis des Verlages – insoweit zu tragen, als sie 10 % der Satzkosten übersteigen. Dies gilt nicht für Änderungen bei Sachbüchern, die durch Entwicklungen der Fakten nach Ablieferung des Manuskripts erforderlich geworden sind.

§ 9
Lieferbarkeit, veränderte Neuauflagen

1. Wenn die Verlagsausgabe des Werkes vergriffen ist und nicht mehr angeboten und ausgeliefert wird, ist der Autor zu benachrichtigen. Der Autor ist dann berechtigt, den Verlag schriftlich aufzufordern, sich spätestens innerhalb von 3 Monaten nach Eingang der Aufforderung zu verpflichten, innerhalb einer Frist von ... Monat(en)/Jahren(en) nach Ablauf der Dreimonatsfrist eine ausreichende Anzahl weiterer Exemplare des Werkes herzustellen und zu verbreiten. Geht der Verlag eine solche Verpflichtung nicht fristgerecht ein oder wird die Neuherstellungsfrist nicht gewahrt, ist der Autor berechtigt, durch schriftliche Erklärung von diesem Verlagsvertrag zurückzutreten. Bei Verschulden des Verlages kann er stattdessen Schadenersatz wegen Nichterfüllung verlangen ...

2. Der Autor ist berechtigt und, wenn es der Charakter des Werkes (z. B. eines Sachbuchs) erfordert, auch verpflichtet, das Werk für weitere Auflagen zu überarbeiten ...

§ 10
Verramschung, Makulierung

1. Der Verlag kann das Werk verramschen, wenn der Verkauf in zwei aufeinander folgenden Kalenderjahren unter ... Exemplaren pro Jahr gelegen hat. Am Erlös ist der Autor in Höhe seines sich aus § 4 Absatz 2 ergebenden Grundhonorarprozentsatzes beteiligt.

2. Erweist sich auch ein Absatz zum Ramschpreis als nicht durchführbar, kann der Verlag die Restauflage makulieren.

3. Der Verlag ist verpflichtet, den Autor vor einer beabsichtigten Verramschung bzw. Makulierung zu informieren. Der Autor hat das Recht, durch einseitige Erklärung die noch vorhandene Restauflage bei beabsichtigter Verramschung zum Ramschpreis abzüglich des Prozentsatzes seiner Beteiligung und bei beabsichtigter Makulierung unentgeltlich – ganz oder teilweise – ab Lager zu übernehmen ...

4. Das Recht des Autors, im Falle der Verramschung oder Makulierung vom Vertrag zurückzutreten, richtet sich nach den §§ 32, 30 Verlagsgesetz.

§ 11
Rezensionen

Der Verlag wird bei ihm eingehende Rezensionen des Werkes innerhalb des ersten Jahres nach Ersterscheinen umgehend, danach in angemessenen Zeitabständen dem Autor zur Kenntnis bringen.

§ 12
Urheberbenennung, Copyright-Vermerk

1. Der Verlag ist verpflichtet, den Autor in angemessener Weise als Urheber des Werkes auszuweisen.
2. Der Verlag ist verpflichtet, bei der Veröffentlichung des Werkes den Copyright-Vermerk im Sinne des Welturheberrechtsabkommens anzubringen.

§ 13
Änderungen der Eigentums- und Programmstrukturen des Verlags

1. Der Verlag ist verpflichtet, dem Autor anzuzeigen, wenn sich in seinen Eigentums- oder Beteiligungsverhältnissen eine wesentliche Veränderung ergibt ...
2. Der Autor ist berechtigt, durch schriftliche Erklärung gegenüber dem Verlag von etwa bestehenden Optionen oder von Verlagsverträgen über Werke, deren Herstellung der Verlag noch nicht begonnen hat, zurückzutreten, wenn sich durch eine Veränderung gemäß Absatz 1 oder durch Änderung der über das Verlagsprogramm entscheidenden Verlagsleitung eine so grundsätzliche Veränderung des Verlagsprogramms in seiner Struktur und Tendenz ergibt, dass dem Autor nach der Art seines Werkes und unter Berücksichtigung des bei Abschluss dieses Vertrages bestehenden Verlagsprogramms ein Festhalten am Vertrag nicht zugemutet werden kann ...

§ 14
Schlussbestimmungen

1. Soweit dieser Vertrag keine Regelungen enthält, gelten die allgemeinen gesetzlichen Bestimmungen des Rechts der Bundesrepublik Deutschland und der Europäischen Union. Die Nichtigkeit oder Unwirksamkeit einzelner Bestimmungen dieses Vertrages berührt die Gültigkeit der übrigen Bestimmungen nicht. Die Parteien sind alsdann verpflichtet, die mangelhafte Be-

stimmung durch eine solche zu ersetzen, deren wirtschaftlicher und juristischer Sinn dem der mangelhaften Bestimmung möglichst nahe kommt.
2. Die Parteien erklären, Mitglieder bzw. Wahrnehmungsberechtigte folgender Verwertungsgesellschaften zu sein: ...

Unterschriften und Datum

Autoren haben bei Vertragsabschlüssen vor allem auf die prozentuale Beteiligung, Garantievorschuss, voraussichtlichen Erscheinungstermin und die Nebenrechtsregelung (zumeist 60 % Autor/ 40 % Verlag) zu achten. Formulare des Normvertrages können beim Verband deutscher Schriftsteller oder beim Börsenverein des Deutschen Buchhandels angefordert werden.

Einzelgänger schließen sich zusammen – Über Verbände und Institutionen

In ihrem 1972 erschienenen «Autorenreport» schrieben Karla Fohrbeck und Andreas J. Wiesand, dass sich «Literaten noch immer durch ein ganzes Bündel von aus dem Frühliberalismus bzw. der Romantik herübergeretteten ständischen, moralischen und ästhetischen Überlieferungen und Ideologien an der konkreten Wahrnehmung ihrer eigenen Interessen» hinderten. Inzwischen gibt es – zum Teil erst seit wenigen Jahren – mehrere Verbände und Institutionen, die sich um Interessenvertretung, gemeinsames Handeln, soziale Absicherung und Förderung von Schriftstellern kümmern. Das lässt zum einen darauf schließen, dass die Schriftsteller in der Durchsetzung ihrer Belange recht aktiv waren; zum anderen war man in den siebziger Jahren auch in Regierungskreisen (SPD/FDP-Koalition) bemüht, als berechtigt anerkannten Ansprüchen der Schriftsteller entgegenzukommen. Die Ergebnisse können sich sehen lassen.

Verband deutscher Schriftsteller (VS)

Nachdem Heinrich Böll bereits 1969 auf der Gründungsversammlung des Verbandes deutscher Schriftsteller das «Ende der Bescheidenheit» verkündet hatte, fand 1970 der 1. Schriftstellerkongress des VS unter dem Motto «Einigkeit der Einzelgänger» statt. Auf der Veranstaltung, die ein großes öffentliches Echo hervorrief, sprachen sich Schriftsteller wie Heinrich Böll, Günter Grass, Martin Walser und Ingeborg Drewitz für einen Anschluss an die Gewerkschaft aus. Seit 1972 trat dann die Mehrheit der VS-Mitglieder der Industriegewerkschaft Druck und Papier bei, der späteren IG Medien, die 2001 in die Vereinte Dienstleistungsgewerkschaft «ver.di» überging. Dadurch entstand innerhalb dieser Gewerkschaftsorganisation eine Berufsgruppe der Schriftsteller, die jedoch weitgehende Eigenständigkeit bewahren konnte. Der VS zählt zur Zeit etwa 4000 Mitglieder, darunter viele der namhaften deutschen Schriftsteller sowie 900 literarische Übersetzerinnen und Übersetzer. Sitz der Bundesgeschäftsstelle ist Berlin (In den Parkkolonnaden, Potsdamer Platz 10, 10785 Berlin, Tel. 030 / 69 56 23 28, Fax 030 / 69 56 36 56), daneben gibt es Landesverbände und Regionalgruppen. Beitreten kann auf Antrag, wer wenigstens eine größere Veröffentlichung (Buch, Theaterstück, Drehbuch, Hörspiel etc.) vorzuweisen hat.

An erster Stelle stand im VS bisher – und darüber gab es Einvernehmen unter den Schriftstellern – der berufspolitische Aspekt. Dass es in zurückliegenden Jahren immer wieder verbandsinterne Auseinandersetzungen und auch starke öffentliche Angriffe wegen politischer Initiativen und Verlautbarungen gegeben hat, kann nicht verwundern. Zwar sind die Proteste und die Polemik gegen den Gewerkschaftsanschluss der «Freigeister» nach und nach verstummt; aber Friedenserklärungen und Kontakte zu osteuropäischen Schriftstellerverbänden und insbesondere dem Schriftstellerverband der DDR boten lange Zeit neuen Zündstoff.

> Also, ich bin in keinem Verband ... Warum Gewerkschaft, warum irgendwelche gesetzmäßigen Verankerungen? Es liegt doch irgendwie am Autor selbst. Wenn ein Autor fleißig ist und wenn er etwas kann, das ist die Hauptsache, er muss etwas können, er muss seinem Leser etwas vermitteln können, er muss einen Stoff haben, er muss schreiben können – wenn das alles zusammenkommt, dann hat er oder müsste er auch Erfolg haben; denn ein Bedarf ist vorhanden. Es soll keiner sagen, es wäre kein Bedarf.
> *Heinz G. Konsalik (1921–1999): Leben und Werk eines Bestsellerautors, 1981*

Hinzu kommt, dass die Interessenlage der einzelnen Mitglieder seit jeher sehr unterschiedlich ist: Während die einen ganz konkrete und für sie lebenswichtige Ansprüche vertreten wissen wollen, liegt den anderen an Diskussionen über ästhetische Fragen, und wieder andere suchen noch nach Publikationsmöglichkeiten; daneben gibt es äußerst gegensätzliche Auffassungen in allgemeinpolitischen Fragen. Seit einigen Jahren haben sich die Wogen geglättet, nachdem von 1994 bis 1997 der ehemalige Dissident Erich Loest den VS-Vorsitz übernahm.

Der Verband ist regional, national und international überall dort tätig, wo es um die Belange der Literatur geht. Er bietet seinen Mitgliedern neben der Beratung bei beruflichen Problemen kostenlosen Rechtsschutz in allen berufsbedingten Rechtsstreitigkeiten an sowie kostenlose Rechtsberatung bei Vertragsabschlüssen, in allen urheber-, steuer- und versicherungsrechtlichen Fragen. Ferner werden Kongresse, Tagungen, Seminare, Podiumsdiskussionen, Literaturveranstaltungen usw. durchgeführt.

Zu den wichtigen Erfolgen der VS-Politik gehören eine Novellierung des Urheberrechts zugunsten der Autoren, Fotokopierabgabe, Bibliotheksabgabe, ein mit dem Börsenverein des Deutschen Buchhandels abgeschlossener «Normvertrag», die Durchsetzung von Honorar für Abdrucke in Schulbüchern, steuerliche Verbesserungen und vieles mehr. An der Einrichtung der Verwertungsgesellschaft Wort, der Künstlersozialkasse und des Deutschen Literaturfonds war der VS maßgeblich beteiligt.

Nicht wenige dieser Ergebnisse konnten erst nach unermüdlichen und zähen Verhandlungen, die sich manchmal über Jahre erstreckt haben, erreicht werden. Das wird heute allzu leicht vergessen, wenn sich besonders jüngere Autorinnen und Autoren im Aufwind erster Erfolge herablassend zur Mitgliedschaft im VS äußern: «Wozu Gewerkschaft? Wir wollen unabhängige Künstler bleiben!» Viele wissen nicht, dass sie ohne die Interessenvertretung des VS von ihrer Arbeit gar nicht leben könnten und im Alter zum Sozialfall würden.

Außerdem hat sich der Verband deutscher Schriftsteller seit jeher gegen Behinderungen literarischer Arbeit durch Zensur, Unterdrückung und Gewalt gewandt und gegen Menschenrechtsverletzungen im In- und Ausland Stellung genommen. Einer Vielzahl politisch verfolgter Autorinnen und Autoren wurde Hilfe gewährt.

Weitere wesentliche Forderungen des Verbandes sind: Erhöhung der prozentualen Beteiligung an Büchern, Anhebung der Honorare bei den Medien, Beibehaltung der Buchpreisbindung, eine Verbesserung des Urheberrechts unter Berücksichtigung neuer digitaler Verwertungsformen, Überprüfung der steuerlichen Bedingungen für Autoren, Durchführung einer neuen Autoren-Sozialenquete. Auch ist (in Zusammenarbeit mit dem P.E.N.) die Kooperation mit einem Demand-Verlag vorgesehen, in dem Verbandsmitglieder vergriffene, aber noch nachgefragte Publikationen als «Books on Demand» veröffentlichen können.

Im Übrigen halte ich es mit Franz Xaver Kroetz, der 1983 anlässlich seines Austritts aus dem VS gesagt hat: «Wir brauchen keinen Schriftstellerverband, wir brauchen Romanische Cafés» ... Der Schriftsteller muss sein Einzelgängertum behaupten, darin liegt seine Stärke. Er stellt sich der Öffentlichkeit als Einzelner und erwartet, von ihr beachtet zu werden. Weil er ebenso scheitern kann, haftet dem Versuch etwas Heroisches an. Das Gruppenethos eines Verbandes hingegen zwingt zur Nivellierung ... Vielleicht wäre es wirklich sinnvoller, wie Peter Schneider meint, wir hätten statt eines Verbandes Agenten, die unsere Interessen im Markt vertreten.
Monika Maron: Ich hab' ein freies Herz. In: Der Spiegel 17/1994

Ferner beabsichtigt der VS-Bundesvorstand zusammen mit der gewerkschaftlichen Bundeskommission für freie Berufe eine Urhebernachfolgeabgabe (auch Künstlergemeinschaftsrecht oder «Goethegroschen» genannt) durchzusetzen. Geplant ist die Einrichtung eines der Verwertungsgesellschaft Wort angegliederten Fonds, in den Verwerter urheberrechtsfreier Werke – von Aristophanes bis Karl May – eine geringe prozentuale Vergütung einzahlen sollen (die Kooperation mit der GEMA für Musikwerke ist vorgesehen). Daraus ergäbe sich ein beträchtliches Kapital, das den heute lebenden Urhebern auf vielerlei Weise zugute kommen könnte: also eine Art Tantiemenausgleich für heutige Urheber, deren Werke siebzig Jahre nach dem Tod wiederum «gemeinfrei» werden. Ein Gesetzentwurf wurde bereits erarbeitet, doch sind die Widerstände immer noch sehr groß.

P.E.N.-Club

Eine angesehene Schriftstellervereinigung ist der P.E.N.-Club mit weltweiter Verbreitung. P.E.N. ist die Abkürzung für «Poets, Playwrights, Editors, Essayists, Novelists» (Dichter, Stückeschreiber, Herausgeber, Essayisten, Romanschriftsteller), 1922 von der englischen Autorin Amy Dawson-Scott als Honoratioren-Club für Leute der «Feder» (engl. pen) gegründet. Bis heute kann man in den P.E.N. nicht eintreten, man muss hinzugewählt werden. In den einzelnen Ländern gibt es so genannte P.E.N.-Zentren.

Durch Unterzeichnung der Charta des Internationalen P.E.N. verpflichten sich die Mitglieder unter anderem, ihren Einfluss für das gute Einvernehmen und die gegenseitige Achtung der Nationen einzusetzen. Sie wollen außerdem den Rassen-, Klassen- und Völkerhass nach ihren Möglichkeiten bekämpfen und für die «Hochachtung des Ideals einer in einer einigen Welt in Frieden lebenden Menschheit mit äußerster Kraft» wirken.

Weiter heißt es in der P.E.N.-Charta: «... seine Mitglieder verpflichten sich, jeder Art der Unterdrückung der Äußerungsfreiheit in ihrem Lande oder in der Gemeinschaft, in der sie leben, entgegenzutreten. Der P.E.N. erklärt sich für die Freiheit der Presse und verwirft die Zensurwillkür überhaupt, und erst recht in Friedenszeiten. Er ist des Glaubens, dass der notwendige Fortschritt der Welt zu einer höher organisierten politischen und wirtschaftlichen Ordnung hin eine freie Kritik gegenüber den Regierungen, Verwaltungen und Einrichtungen gebieterisch verlangt. Und da Freiheit auch freiwillig geübte Zurückhaltung einschließt, verpflichten sich die Mitglieder, solchen Auswüchsen einer freien Presse wie wahrheitswidrigen Veröffentlichungen, vorsätzlicher Lügenhaftigkeit und Entstellung von Tatsachen, unternommen zu politischen und persönlichen Zwecken, entgegenzuarbeiten ...»

1998 schlossen sich West- und Ost-P.E.N. zum P.E.N.-Zentrum Deutschland mit Sitz in Darmstadt zusammen (Kasinostraße 3, 64293 Darmstadt). Seine etwa 700 Mitglieder setzen sich in letzter Zeit vor allem für die Einhaltung der Menschenrechte und für verfolgte Schriftsteller (Writers in Prison) ein.

Ein Jahr ist vergangen, seit ich brutal aus dem Bett gerissen und ins Gefängnis gebracht wurde. 65 Tage gefesselt, viele Wochen Hunger, Monate psychischer Folter und kürzlich die Fahrt in einem dampfenden, luftlosen Polizeiwagen, um vor einem Gericht zu erscheinen, einem militärischen Sondertribunal, dessen Verhandlungsführung nicht den geringsten Zweifel lässt, dass das Urteil bereits gefällt ist. Ein Todesurteil, gegen das es keine Einspruchsmöglichkeit gibt, ist mir sicher. Ängstliche Befürchtungen? Wohl kaum. Die Männer, die dieses schändliche Theater, diese tragische Farce anordnen und überwachen, fürchten das freie Wort, die Kraft der Ideen, die Kraft der Feder, die Forderungen nach sozialer Gerechtigkeit und Menschenrechten. Sie fürchten die Kraft des Wortes so sehr, dass sie selbst nichts lesen.
Ken Saro-Wiwa, trotz weltweiter Proteste 1995 in Nigeria hingerichtet

Verwertungsgesellschaft Wort

Werden Schriftwerke in Hörfunk und Fernsehen gesendet, in Bibliotheken und Lesezirkeln ausgeliehen, in Schulbüchern, Pressespiegeln oder sonstwie weiter verwertet, steht dem Urheber neben seinem ursprünglichen Honorar eine weitere Nutzungsabgabe zu. Sie wird von der im Jahre 1958 gegründeten Verwertungsgesellschaft Wort (Goethestraße 49, 80336 München, Tel. 089 / 51 41 20, Fax 089 / 5 14 12 58) eingezogen. Diese Gesellschaft ist für Autoren das, was für Musiker die GEMA ist (Gesellschaft für musikalische Aufführungs- und mechanische Vervielfältigungsrechte). Wahrnehmungsberechtigter kann jeder Autor, aber auch jeder Verleger werden, der Urheberrechte zu vertreten hat, aus denen sich Nutzungen ergeben. Der Beitritt ist kostenlos und mit keinerlei Verpflichtungen verbunden. Die Autoren haben lediglich ihre Veröffentlichungen auf entsprechenden Vordrucken zu melden. Ausgezahlt werden jeweils zur Mitte des folgenden Jahres Tantiemen aus Bibliotheksabgaben, Lesezirkelvergütung, Videovermietung, Fotokopierabgaben, Pressespiegel, Schulbuchvergütung, Hörfunk- und Fernsehsendungen usw.

Außerdem sieht es die Verwertungsgesellschaft Wort als eine ihrer Aufgaben an, neue urheberrechtlich relevante Verwertungsmöglichkeiten zu erfassen, die sich aufgrund der technischen Entwicklung ergeben, und für entsprechende gesetzliche Regelungen zu sorgen. Besonders die Erfassung digitaler Nutzungsrechte und der Einzug daraus resultierender Abgaben gestalten sich außerordentlich schwierig.

> Wir kassieren Gebühren – hinter diesen drei Worten verbergen sich Tausende von Einzelverträgen, Hunderte von Rahmenverträgen, einige eigens geschaffene Inkassostellen sowie neuerdings auch ein reger Außendienst ... Unsere Welt ist zunehmend technisiert, Vervielfältigungen und andere Zweitnutzungen von bestehenden Werken werden immer leichter und häufiger. Schon längst ist es für den einzelnen Autor und Verlag unmöglich geworden, die verschiedenen Weiterverwendungen überhaupt in Erfahrung zu bringen: Kein Autor oder Verleger kann wissen, wie oft seine Werke von welcher Bibliothek verliehen werden. Kein Fernsehautor weiß, wo seine Sendungen privat mitgeschnitten oder öffentlich wiedergegeben werden. Kein Journalist, keine Redaktion ahnt, wer welche Artikel wie oft und wo fotokopiert ...
> *VG WORT INFO für Autoren, 2000*

Die Einnahmen der VG Wort aus der Wahrnehmung von Urheberrechten betrugen für das Geschäftsjahr 2000 immerhin mehr als 127 Millionen Mark; die Auszahlungen an 99 009 Autoren und 5798 Verlage fast 84 Millionen Mark (1983 waren es beispielsweise knapp 15 Millionen Mark für 29 218 Autoren und 1457 Verlage). Daraus wird der beachtliche Umfang an Verwertungen ersichtlich und die Bedeutung ihrer Erfassung und Abrechnung für die Autoren. Dennoch haben sich unbegreiflicherweise manche Autoren – offenbar aus Unkenntnis – bis heute nicht bei der Verwertungsgesellschaft Wort gemeldet. Sie arbeitet übrigens nicht gewinnorientiert.

Angegliedert sind ein Autorenversorgungswerk, das hauptberuflichen, freien Autoren Zuschüsse zur Altersvorsorge gewährt, sowie ein Sozialfonds für in Not geratene Autoren. Im Geschäftsjahr 2000 bewilligte der Sozialfonds 440 Antragstellern insgesamt 2,17 Millionen Mark an Zuwendungen sowie 88 000 Mark als Darlehen.

Zeichnung von Marie Marcks

Deutscher Literaturfonds und sonstige Literaturförderung

Nachdem 1980 der Haushaltsausschuss des Bundestages einen Betrag von fünf Millionen Mark für Belange der zeitgenössischen Literatur bereitgestellt hatte, wurde von verschiedenen Organisationen der Autoren und des Buchhandels ein Verein gegründet, der sich Deutscher Literaturfonds e. V. nennt und seinen Sitz in Darmstadt hat. Er sieht seine Aufgabe laut Satzung in der «Förderung von qualifizierten deutschsprachigen Schriftstellern», aber auch in der «Förderung von bundesweit bedeutenden Initiativen und Modellvorhaben auf dem Gebiet der Literatur, einschließlich der literarischen Vermittlung und Rezeption».

Vergeben werden Arbeitsstipendien, Druckkostenzuschüsse, finanzielle Hilfen für Übersetzungen, Literaturveranstaltungen, Untersuchungen, Modellvorhaben usw. Voraussetzung ist ein Antrag an die Geschäftsstelle (Alexandraweg 23, 64287 Darmstadt, Tel. 06151 / 4 09 30, Fax 06151 / 40 93 33) mit biographischen Angaben, Informationen über bisherige Arbeiten, einer Projektbeschreibung und Manuskriptprobe. Ungefähr die Hälfte aller Anträge für die begehrten, gut dotierten Stipendien stammen von Autorinnen und Autoren, die zum wiederholten Mal eine Förderung beantragen. Zuständig für die Vergabe ist ein Kuratorium, das sich aus neun Mitgliedern zusammensetzt.

In der Zeit von 1981 bis 1998 wurden insgesamt 7488 entscheidungsreife Förderungsanträge gestellt, allerdings nur 681 bewilligt, wobei die verhältnismäßig geringe Bewilligungsrate (9,1 %) «weniger auf eine zu geringe finanzielle Ausstattung des Fonds als vielmehr auf die hohen Qualitätsmaßstäbe zurückgeht, die hier an Texte und Projekte angelegt werden» – so der Tätigkeitsbericht von 1999.

Bewilligt wurden 527 Arbeitsstipendien und 154 Projekt- und Druckkostenzuschüsse. Insgesamt wurden 13 378 744 DM an Fördermitteln bereitgestellt, wobei 10 641 700 DM auf Stipendien für Autoren und Übersetzer entfielen. Die Arbeitsstipendien betragen bis zu 1500 Euro monatlich für Zeiträume bis zu einem Jahr.

Die Juroren des Deutschen Literaturfonds wie auch die Geschäftsführung bescheinigen sich selber hohe Anforderungen an die literarische Qualität der auszuzeichnenden Texte. Es hat jedoch den Anschein, dass hier über die Jahre hinweg eine eher akademische Literatur Berücksichtigung fand, die also literaturwissenschaftlicher Theorie folgt (wohingegen die Theorie der Literatur folgen sollte). Mit ziemlicher Gewissheit lässt sich jedenfalls sagen, dass Schriftsteller wie Friedrich Gerstäcker, Hans Fallada oder B. Traven niemals in den Genuss einer solchen Literaturförderung gekommen wären. Problematisch erscheint auch, wenn einzelne Autoren innerhalb von zehn, zwölf Jahren bis zu fünfmal bedacht worden sind.

> Es ist heutzutage Mode geworden, das Bücherschreiben als den Endzweck des Studierens anzusehen, daher studieren so viele, um zu schreiben, anstatt dass sie studieren sollten, um zu wissen.
> *Georg Christoph Lichtenberg (1742–1799): Aphorismen*

Schließlich hat das, was geschrieben wird, immer auch damit zu tun, wie die AutorInnen leben. Die Tradition, die bei uns maßgeblich ist, betont auch hier das Abgesonderte, Elitäre dieser Existenz ... Der stark ausgeprägte und ausgebaute Förderbetrieb hat, was die Abgehobenheit und Weltflucht der Autoren anbelangt, auch negative Folgen gehabt.
Martin Hielscher: Erzähler ohne Stimme? In: JULIT 2/1998

Außer dem Deutschen Literaturfonds existieren noch zahlreiche weitere Institutionen, die sich mit der Förderung von Schriftstellern und Literatur befassen; zu nennen sind beispielshalber die Deutsche Akademie für Sprache und Dichtung in Darmstadt, die Akademie der Künste in Berlin, die Friedrich-Bödecker-Kreise (für Jugendliteratur), der Börsenverein des Deutschen Buchhandels, die Stiftung Lesen, das Deutsche Literaturinstitut Leipzig, die Bundesakademie für kulturelle Bildung Wolfenbüttel, das Goethe-Institut, Literaturhäuser und Literaturbüros in den einzelnen Bundesländern sowie die Landesministerien für Kunst und Kultur. Hier und da werden Autoren zu Poetikdozenturen eingeladen.

Über die Einrichtung von Lehrstühlen für kreatives Schreiben, wie es sie an vielen amerikanischen Universitäten gibt, wird seit langem heftig diskutiert, und diesbezügliche Planungen laufen an mehreren Hochschulen. Ob allerdings allein ein Studiengang «Dichter» literarisches Schreiben lehrt, mag bezweifelt werden. Dennoch sollte Professionalisierung selbstverständlich sein. Und wenn Kunsthochschulen für angehende Maler und Bildhauer zur Verfügung stehen, warum kann dann nicht auch das Handwerk des Schreibens akademisch vermittelt werden?

Sehr begehrt ist das Villa-Massimo-Stipendium, verbunden mit einem Aufenthalt in Rom (bis zu einem Jahr) und einer monatlichen Zuwendung. Des Weiteren haben verschiedene Städte so genannte Stadtschreiberstellen geschaffen: Autoren sind für einige Zeit Gast der jeweiligen Stadt, die eine Wohnung zur Verfügung stellt und einen Zuschuss zu den Lebenshaltungskosten zahlt. Auch die Landesministerien für Kunst und Kultur gewähren unter bestimmten Bedingungen Arbeitsstipendien, die in der Regel 3000 EURO betragen (und versteuert werden müssen). Daneben haben wir zahlreiche Literaturpreise mit sehr unterschiedlicher Dotierung.

Es gibt Schriftsteller, die allzu verliebt in ihre Kunst sind und so hinge-
geben an die damit verbundenen Probleme, dass sie das Leben selbst
mit Gleichmut betrachten, ausschließlich als Stoff für ihre Bücher. Die
Wirklichkeit lässt sie gleichgültig, vorausgesetzt, dass sie ihnen nicht
die Haut zerkratzt, ihnen keine Schläge versetzt, sie nicht aus der ge-
wohnten und bequemen Stellung eines unbeteiligten Zuschauers der
Dramen und Tragödien des Lebens verjagt. Von diesem Standpunkt
vertrieben, beklagen, erbosen sie sich ...
Maxim Gorki (1868–1936): Über Kinder und Kinderliteratur

Diese Förderungspraxis ist – trotz gelegentlicher Auswüchse –
grundsätzlich positiv zu bewerten. Denn die Anerkennung schriftstellerischer Arbeit und ihre Unterstützung sollten nicht allein
ökonomischen Gesetzmäßigkeiten unterliegen. Andererseits fragt
es sich, was mit Preisen und Stipendien in Höhe von 3000 oder
4000 EURO bewirkt werden kann. Und es darf auch nicht übersehen werden, dass die Auswahlverfahren natürlich nichts anderes
als Geschmack und Ästhetikverständnis der Auswählenden wider-
spiegeln. Das bedeutet wiederum, dass beim Herausfinden förde-
rungswürdiger Qualität die allgemeinen Trends wie auch politische Gegenwartsströmungen, Vorlieben und Abneigungen eine
nicht zu unterschätzende Rolle spielen. Ohnehin werden mit Preisen gern die schon Etablierten bedacht; da kann man nichts falsch
machen, sich noch schmücken und braucht nicht so viel zu lesen.
Und was ist beispielsweise davon zu halten, wenn über Jahre hinweg von 24 Titeln, die auf der Auswahlliste zum Deutschen Jugendliteraturpreis stehen, bis zu 20 von ausländischen Autoren
stammen und die Preise in den vier Sparten überwiegend oder sogar ausschließlich an ausländische Autoren und ihre Übersetzer
gehen?

Gerade lese ich die Nominierungsliste zum Jugendliteraturpreis ...
Zum ersten Mal ist kein/e deutschsprachige/r ErzählerIn auf der Liste.
Ich finde, das passt sehr gut zum neuen Nominierungs-System à la
Hollywood, wo auch fast nie ein deutscher Film auftaucht ... Als Erstes
schlage ich eine Umbenennung des Preises vor, vielleicht in ‹German
open› oder so die Richtung. Dann muss natürlich die Jury internatio-
nalisiert werden. Oder wir schaffen sie ab und küren einfach einen
Querschnitt aus internationalen Preisbüchern. Am Ende aber wollen

wir nicht unser großes Ziel aus den Augen verlieren: die Abschaffung der deutschen Kinder- und Jugendbuchbranche durch sich selbst.

Rudolf Herfurtner: Eselsohr 8/1997

Hinzu kommt, dass gewisse Mechanismen einreißen, die nicht unbedingt zum Entstehen guter Literatur beitragen. Das sind nicht nur Beziehungen und Protektion. Man kann sich darüber hinaus des Eindrucks nicht erwehren, dass in dieser «Literaturszene» hier und da eine auf das Wohlwollen von Kritikern und Jurys ausgerichtete Literatur produziert wird und dass eine Art Stipendienspezialistentum entstanden ist. Das führt automatisch zu einer Verarmung in den Bereichen der Literatur, wo mehr die Inhalte und vielleicht politische Aspekte eine Rolle spielen, unverhohlene Gesellschaftskritik geübt und weniger literarisch ambitionierte Wortklingelei betrieben wird.

Wenn dann noch die Literaturspezialisten dazu übergehen, sich gegenseitig und ihre Günstlinge herauszustellen und zu beweihräuchern, ist genau das Gegenteil dessen erreicht, was eigentlich geschehen sollte. Dieser Aspekt ist überall dort, wo es um die Förderung von Kunst und Literatur geht, im Auge zu behalten. Im Übrigen wäre in vielen Fällen «Literaturförderung» überflüssig, wenn schriftstellerische Arbeit angemessen bezahlt würde.

Meldung aus der Zeitschrift «Kunst & Kultur» Nr. 3/2000: «Der Literaturkritiker und Autor Marcel Reich-Ranicki erhält für sein Lebenswerk den mit 25 000 DM dotierten Friedrich-Hölderlin-Literaturpreis der Stadt Bad Homburg.» Anmerkung: Reich-Ranicki war bis 1995 Jury-Vorsitzender für den Hölderlin-Preis.

Das gilt auch für das in letzter Zeit propagierte Sponsoring. Der gute Wille mag im Einzelfall lobenswert sein, doch diese angeblich so menschenfreundliche Kulturfinanzierung durch Wirtschaftsunternehmen ist unter kulturpolitischem Aspekt fragwürdig, zumal die Gefahr besteht, dass sich noch mehr staatliche Kulturinstitutionen unter Berufung auf private Initiativen aus der Förderung zurückziehen. Mäzenatentum hat immer auch da, wo es sich nicht mit der Forderung oder Erwartung nach Wohlverhalten verbindet, etwas Feudalherrschaftliches an sich. Zugespitzt lässt sich formulieren: Einen geringen Teil dessen, was den Autoren und Künstlern von der Wirtschaft regulär vorenthalten wird, bekommen sie im Wege des Sponsoring vereinzelt als Almosen zugebilligt.

Von 1967 bis 1971 gewann ich, als Direktor der Städtischen Bibliotheken Münchens, etwas Einblick in die kollektivpsychischen Mechanismen der Subventionsgebarung. Dies war damals, erinnern wir uns, keine Zeit der Bescheidenheit, sondern der üppig fließenden Zuschüsse. Aber schon damals wagte ich die Voraussage, dass im Falle eines Umschlages, einer wie immer erzwungenen Sparsamkeit, diese zu Lasten der sozusagen proletarischeren, demokratischeren, jüngeren Sparten der Kultur gehen würde: öffentliche Büchereien, Volkshochschulen, Stadtteilarbeit, experimentelle Bühnen, literarische Freiluftmärkte ... Und genauso ist es gekommen.
Carl Amery, in: Bernt Engelmann u. a. (Hg.): Wir sind so frei, 1984

... dadurch wird ja aus den jungen Künstlern nichts / weil ihnen andauernd geholfen wird ... Mich hat das Mäzenatentum / immer abgestoßen ...
Thomas Bernhard: Ritter, Dene, Voss, 1984

Künstlersozialkasse

Am 1. Januar 1983 trat das lange vorbereitete Künstlersozialversicherungsgesetz in Kraft. Danach sind selbständige Künstler und Publizisten bei der Künstlersozialkasse in Wilhelmshaven pflichtversichert, soweit ihr Arbeitseinkommen über einem Mindestsatz liegt (im Jahr 2001 jährlich 7680 DM in den alten Bundesländern, 6480 DM in den neuen Bundesländern). Berufsanfänger werden in den ersten fünf Jahren ihrer selbständigen Tätigkeit auch bei geringerem Einkommen versichert.

Die Versicherungspflicht erstreckt sich auf die Alters-, Kranken- und Pflegeversicherung. Besonders gut verdienende Publizisten und Künstler können sich von der Kranken- und Pflegeversicherungspflicht befreien lassen. Selbständiger Künstler oder Publizist im Sinne des Gesetzes ist, «wer nicht nur vorübergehend selbständig erwerbstätig Musik, darstellende oder bildende Kunst schafft, ausübt oder lehrt oder als Schriftsteller, Journalist oder in anderer Weise publizistisch tätig ist». Die Rentenversicherung wird über die Bundesversicherungsanstalt für Angestellte (BfA) in Berlin abgewickelt, die Krankenversicherung in der Regel über die Allgemeinen Ortskrankenkassen. Mittlerweile betreut die Künstlersozialkasse über 100 000 Versicherte.

Die Einführung der Künstlersozialversicherung ist seinerzeit auf großen Widerstand gestoßen, vor allem bei Verlegern und Galeristen. Denn der Versicherte hat, wie seit mehr als einem Jahrhundert jeder Arbeitnehmer, lediglich die Hälfte seiner Beiträge einzuzahlen; die andere Hälfte wird aus einem Bundeszuschuss und durch eine Umlage (Künstlersozialabgabe) finanziert, die von den Unternehmen und Einrichtungen aufzubringen ist, die künstlerische und publizistische Produkte und Leistungen vermarkten. Aber auch manche Künstler und Schriftsteller fühlten sich durch die Versicherungspflicht in ihrer Freiheit eingeschränkt.

Wenn man dagegen an tragische Notfälle bei Krankheit und im Alter denkt, die heute vermieden werden können, ist die Ausdehnung der Sozialversicherungspflicht auf Künstler und Autoren als ein großer Fortschritt zu werten (zumal ihnen so genannte Ersatzzeiten wie zum Beispiel Studium und Wehrdienst angerechnet werden). Sie sind seit 1983 abgesichert, wenn auch nur in bescheidenem Umfang: Krankengeld wird erst nach der sechsten Krankheitswoche gezahlt, und die Altersrente wird bei geringem Einkommen oft nicht einmal den Sozialhilfesatz erreichen. Ein Anfang ist jedoch gemacht.

... dass ich die Brutalität, die darin liegt, unsere Freiheit und unsere geistigen Kräfte auszunutzen, ohne vorsorglich und human an unsere alten Tage zu denken, – ich sage, dass ich diese Brutalität nicht mehr ertragen kann. Sooft ich an diesen Punkt denke, empöre ich mich und zwar nicht das Schlechteste in mir, sondern das Gute ... Ich sage mir: Wenn man dir solche kühle Standrede jetzt zu halten wagt, wo du, zugestandenermaßen, eine Zierde, ein kleiner Stolz der Zeitung bist, wie wird man nach zehn Jahren zu dir sprechen, wenn du ihr vielleicht eine Last bist? Man wird dann eine Sprache führen, die du einfach nicht ertragen kannst, und mit sechzig wirst du arm und stellungslos dastehen ...
Theodor Fontane (1819–1898): Briefe

Fotomontage von Klaus Staeck 1977

Für eine Aufstockung der Rente muss durch eine private Zusatzversicherung gesorgt werden, wie es – bedauerlicherweise – künftig auch in allen anderen Berufssparten Norm wird. Auf diese private Ebene verlagert sich in der Hauptsache leider momentan auch wieder die Altersvorsorge für Schriftsteller, wenn die Renten aus der staatlichen Sozialversicherung unter dem Schlagwort «Generationengerechtigkeit» immer mehr reduziert werden. Nach prognostischen Berechnungen kommt im Jahre 2030 auf jeden Rentner nur noch ein Erwerbstätiger; Banken und Versicherungsgesellschaften werben bereits – und drohen zugleich: «Was erwarten Sie in Zukunft von der gesetzlichen Rente? Damit Sie später nicht mit leeren Händen dastehen: Erkennen Sie frühzeitig die Zeichen der Zeit und beginnen Sie verstärkt, zusätzliche private Vorsorge zu treffen.»

> Die Fonds bringen also bestenfalls die Hälfte dessen, was das bisherige, umlagefinanzierte Rentensystem geleistet hat; garantieren können sie nur ein Viertel ... Wenn allerdings auch die regierenden Parteien mit ihren Expertenstäben die Demontage der gesetzlichen Rente propagieren und für eine allmähliche Umstellung auf verheißungsvolle Fonds plädieren, erweisen sie sich als Lobbyisten, die im Dienste der großen Kapitalgesellschaften das Volk in die Irre führen.
> *Otto Meyer: Private Rente mit Renditepower. In: Ossietzky 12/2000*

Skandalös daran ist, dass die junge Generation gegen die alte aufgebracht wird, wobei völlig außer Acht gelassen wird, wer den heutigen Wohlstand erarbeitet und wer jahrzehntelang in die Rentenkassen eingezahlt hat, die nach der deutschen Vereinigung in unverantwortlicher Weise mit versicherungsfremden Leistungen belastet wurden. Zu hoffen ist, dass uns das auf dem Generationenvertrag beruhende staatliche Sozialversicherungssystem wenigstens als Grundversorgung auf die Dauer erhalten bleibt. Im vergangenen Jahrhundert sind jedenfalls alle privaten Vorsorgeeinrichtungen in Kriegen, Inflationen und Währungsreformen untergegangen.

Autorenlesungen und Lesekultur

Öffentliche Veranstaltungen

Schon lange hat die profane, aber informativ-unterhaltsame Autorenlesung die hehre «Dichterlesung» abgelöst. Durchgeführt werden solche Literaturveranstaltungen, die für gewöhnlich eine bis anderthalb Stunden dauern, von Buchhandlungen, Büchereien, Literaturhäusern, Kulturzentren, Volkshochschulen, Literaturvereinen, Galerien usw. Ein Autor/eine Autorin trägt eine Textprobe aus dem neuesten Buch oder Passagen aus mehreren eigenen Werken vor. Und wenn der Funke überspringt, wovon in der Regel auszugehen ist, profitieren alle Beteiligten davon: Autor/Autorin, Veranstalter, Publikum.

Freilich sind die Motive für die Organisation öffentlicher Lesungen sehr unterschiedlich. Nicht selten werden die Schriftsteller vom Veranstalter zur eigenen Profilierung oder zu Reklamezwecken benutzt, manchmal dient ihr Auftritt auch dem Nachweis kultureller Betätigung. Wird damit ein aufmerksames Publikum erreicht und ein angemessenes Honorar dafür bezahlt (der vom Verband deutscher Schriftsteller empfohlene Mindestsatz liegt derzeit bei 250 EURO), hat dennoch jeder etwas davon.

Vor allem bekommt der Autor Kontakt zu seinen Lesern und Rückmeldungen auf seine Arbeit. Denn Gelegenheit zu Gesprächen ergibt sich vor, während und nach den Veranstaltungen. Diese Begegnungen können im Einzelfall fruchtbarer sein als manche Buchrezension. Bibliothekare, Buchhändler und Kulturverwalter berichten aus ihrer Praxis. Leser sagen ihre Meinung, der Autor lässt sich darauf ein. Wer gezielt kommt, hat meistens eine positive Grundeinstellung. Auch kann die Zusammenarbeit mit Kollegen oder mit Musikern außerordentlich vergnüglich sein.

Um gut, das heißt nicht langweilig, sondern gewinnbringend für die Hörer zu lesen, muss man außer Begabung auch Geschicklichkeit und Erfahrung besitzen, muss man eine ganz klare Vorstellung von den eigenen Kräften, von den Menschen, für die man liest, und vor allem von dem Gegenstand haben, den man behandelt. Außerdem muss man umsichtig sein, die Zuhörer genau beobachten und keinen Augenblick außer Acht lassen.

Anton Tschechow (1860–1904): Eine langweilige Geschichte

Manche Autoren und Autorinnen möchten weder von sich und ihrer Arbeit erzählen, noch im Anschluss an die Lesung Fragen aus dem Publikum beantworten; sie beschränken sich auf den Text, der für sich sprechen soll. Andere wiederum kommen dem Publikum entgegen, berichten aus ihrem Leben, über die Entstehung ihrer Bücher, plaudern aus dem Nähkästchen. Gelegentlich wird sogar ein regelrechtes Unterhaltungsprogramm angeboten, zum Beispiel bei so genannten Slampoetry-Veranstaltungen oder solchen mit Performance-Charakter, wobei es dann weniger um Inhalte als um «action» geht. Dagegen neigen unerfahrene Autorinnen und Autoren häufig dazu, die Konzentrationsbereitschaft des Publikums durch zu langen oder zu eintönigen Vortrag zu überfordern. Und schließlich eignet sich nicht jeder, der ein Buch geschrieben hat, auch dazu, daraus vorzutragen.

Nun lassen die äußeren Umstände, unter denen eine Veranstaltung stattfindet, hin und wieder zu wünschen übrig. Der Saal ist vielleicht zu groß und zu ungemütlich, womöglich ungeheizt, es fehlen Leselampe und Mikrophon, der Organisator bringt bei der einleitenden Begrüßung vor Befangenheit oder aus Unfähigkeit kaum ein vernünftiges Wort heraus. Das Publikum ist nicht immer der Freund des Autors, die örtliche Presse auch nicht.

Als ich drei Gedichte vorgelesen hatte, tat ich einen Blick in den Saal. Eine Reihe von grinsenden, fassungslosen, enttäuschten, zornigen Gesichtern sah mich an, etwa sechs Leute erhoben sich verstört und verließen diese unbehagliche Veranstaltung. Ich wäre am liebsten mitgegangen.

Hermann Hesse (1877–1962): Dichterlesung

Typen treten auf. Wer kennt nicht denjenigen, der nach seiner Meinung viel bessere Texte schreibt als der Vortragende, aber leider noch nichts veröffentlicht hat. Und sachkundige Berichterstatter sind bei den Lokalzeitungen rar. So kann es vorkommen, dass ein Schriftsteller von weither anreist, von der Zeitung gar nicht angekündigt, vom spärlich erschienenen Publikum zerpflückt und vom Lokalkritiker hämisch verrissen wird.

Schriftsteller, die solche Erfahrungen hinter sich haben, werden sich danach zu richten wissen und manche Einladungen gar nicht erst annehmen. Natürlich nicht, um Kritik aus dem Wege zu gehen, sondern um sich und anderen unnötige Arbeit, Ärger und Enttäuschungen zu ersparen. Das Wesentliche an der schriftstellerischen Arbeit ist ohnehin das Schreiben, nicht aber das Vorlesen und Sichdarstellen.

Schullesungen

Während bei den öffentlichen Literaturveranstaltungen die Publizität im Vordergrund steht, werden Schullesungen in der Regel aus pädagogischen Gründen durchgeführt. Die Begegnung mit einem Schriftsteller kann für Kinder und Jugendliche ein Erlebnis sein. Da kommt so ein Mensch, der Bücher schreibt, den man vielleicht sogar aus der Zeitung oder aus dem Lesebuch kennt, leibhaftig zur Tür herein, liest etwas vor, berichtet, erzählt, diskutiert. Man kann ihn fragen, zum Beispiel wie ein Buch zustande kommt, wie lange er daran arbeitet, was er damit verdient, woher er seinen Stoff nimmt und so weiter. Nicht selten vermitteln derartige Veranstaltungen den ersten nachhaltigen Kontakt zur Literatur.

Aber wie kommen Leser, in diesem Fall Kinder und Jugendliche, mit einem Autor zusammen? Selbst wenn der Autor bereit ist, in Schulen zu lesen und ein aufgeschlossener Lehrer ihn gerne einladen möchte, sind die Hindernisse scheinbar sehr groß. Dem Autor widerstrebt es, sich anzubieten wie sauer Bier; und dem Lehrer fehlt es an Informationen, das fängt schon bei der Adresse an. Was den Kontakt verhindert, ist also in erster Linie ein organisatorisches Problem.

An diesem Punkt setzt die Arbeit verschiedener Institutionen an,

Um den Dichter Max Gutmann zu ehren, las das Publikum ihm neulich aus
seinen Werken vor.

zum Beispiel der Friedrich-Bödecker-Kreise, des Arbeitskreises für Jugendliteratur, des Verbandes deutscher Schriftsteller, der Stiftung Lesen, des Börsenvereins des Deutschen Buchhandels. Sie sind nicht nur bei der Suche nach Ansprechpartnern behilflich, sondern zum Teil auch bei Vermittlung von Lesungen, Organisation von Lesewochen und bei der Finanzierung. Wer einen Schriftsteller in die Schule holen möchte, stößt also nicht auf unüberwindliche Schwierigkeiten.

Kontaktadressen:

Bundesverband der Friedrich-Bödecker-Kreise e. V., Fischtorplatz 23, 55116 Mainz (dort erhältlich ist eine Broschüre «Autoren lesen vor Schülern ...» mit Adressen und Kurzbiographien von Autoren), Tel. 06131 / 2 88 90 23, Fax 06131 / 23 03 33.

Stiftung Lesen, Fischtorplatz 23, 65116 Mainz, Tel. 06131 / 28 89 00, Fax 06131 / 23 03 33.

Arbeitskreis für Jugendliteratur e. V., Metzstraße 14c, 81667 München, Tel. 089 / 4 58 08 06, Fax 089 / 45 80 80 88.

Verband deutscher Schriftsteller (VS) – Bundesgeschäftsstelle –, In den Parkkolonnaden, Potsdamer Platz 10, 10785 Berlin.

Börsenverein des Deutschen Buchhandels e. V., Großer Hirschgraben 17–21, 60311 Frankfurt am Main, Tel. 069 / 1 30 60, Fax 069 / 13 06-435.

Kein Patentrezept

Schriftsteller, die in Schulen gehen, haben im Vergleich zu den Lehrern einen großen Vorteil: Sie gelten als Exoten und werden von der Mehrheit ihrer Zuhörer mit Spannung erwartet und mit Sympathie aufgenommen. Das zeigt sich immer wieder, und das sollte man ausnutzen, allerdings für die Sache und nicht durch Vorführung von überspanntem Künstlertum oder Selbstbeweihräucherung. Erst recht kann nicht Sinn und Zweck solcher Veranstaltungen sein, einem fernsehgewohnten Publikum so etwas Ähnliches wie eine Show zu bieten: Man drückt aufs Knöpfchen, der Komiker erscheint und die Unterhaltung beginnt. Literatur verlangt vom Leser oder

Zuhörer ein gewisses Maß an Konzentrationsfähigkeit und eine eigene geistige Leistung. Das kann bei Schülern, die vorher kaum ein Buch gelesen haben, geschweige denn Gedichte oder Satiren, leicht zu Enttäuschungen führen. Hier gilt es einen Mittelweg zwischen Vergnügen und Anregung zu finden.

> Wenn ein Buch und ein Kopf zusammenstoßen und es klingt hohl, ist das allemal im Buch?
> *Georg Christoph Lichtenberg (1742–1799): Aphorismen*

> Wir weinten inzwischen alle, und unterhielten uns dann noch eine ganze Weile über Tod, Trauer und Verlust ...
> *Paul Maar: Als ich einmal in Ilsede vorlas. In: Hans Gärtner (Hg.): Für Kinder schreiben – mit Kindern lesen, 1999*

Deswegen sollten in Schulen eingeladene Schriftsteller ihre «Lesungen» gut vorbereiten, und sie sollten über einige berufliche Erfahrung verfügen. Wer zuweilen ein paar Gedichte und Kurzgeschichten schreibt, um sich damit psychisch zu entlasten oder sein Sozialprestige in Familie und Kollegenkreis aufzubessern, muss seine Werke nicht unbedingt Kindern und Jugendlichen präsentieren. Politische Flüchtlinge, ehemalige Häftlinge, Bergsteiger, Globetrotter usw. gehören, solange sie sich nicht als Autoren ausgewiesen haben (wozu bekanntlich Veröffentlichungen nötig sind), nicht in den Literaturunterricht, bestenfalls in die Gemeinschaftskunde. Auch das Zelebrieren von Reimen sollte besser unterbleiben oder an den heimischen Kaffeetisch verlegt werden, wo es Anklang finden mag; in der Schule hat es eher zur Folge, dass damit den Schülern endgültig die Lust am Lesen ausgetrieben wird.

Patentrezepte für Schullesungen gibt es nicht. Jeder Autor hat seine Eigenheiten, und Sechsjährige sind anders zu behandeln als Achtzehnjährige, Berufsschüler anders als Sonderschüler. Manche Schüler lesen gar nicht, andere nur Comics, Kriegs- oder Liebesromane, wieder andere kennen Kafka, Bachmann oder Walser. Die Voraussetzungen und Bedingungen sind somit recht unterschiedlich. Zu wünschen wäre aber, dass Lehrer und Schüler auf den Autor vorbereitet sind, damit er gleich zur Sache kommen kann: das ist die Literatur. Die Schüler sollten schon vorher Informationen über Biographie und Arbeit des Autors erhalten, und zwar so, dass Interesse geweckt wird. Das lässt sich erfahrungsgemäß am besten über Texte erreichen.

> Manche Lesungen in Schulen sind nicht nur für Schüler und Schülerinnen spannend, sondern auch für mich als Autorin ... Nach meiner Erfahrung sind Mädchen mehr am Inhalt des Gelesenen interessiert, während Jungen eher Fragen nach Form und Stil stellen ... Bei vielen Sechs- bis Elfjährigen ist während des Vorlesens ungebrochene Anteilnahme zu spüren. Unbefangen wird dann gefragt und erzählt. Auf beiden Seiten entsteht so etwas wie Begeisterung. Die Älteren sind schwerer aus der Reserve zu locken ...
> *Renate Schoof: Kakteen auf der Fensterbank. In: Hans Gärtner (Hg.): Für Kinder schreiben – mit Kindern lesen, 1999*

Der Zuhörerkreis sollte nicht zu groß sein (maximal zwei Klassen); und es sollten ungefähr zwei Schulstunden zur Verfügung stehen, in denen der Autor grundsätzlich eine längere zusammenhängende Passage liest (je nach Alter zwischen 15 und 40 Minuten), um den Schülern Leseatmosphäre zu vermitteln. Bei Grundschülern kann es zweckmäßig sein, mehr zu erzählen und spielerische Elemente einzubauen. Ist der Autor eingeladen worden, um mit den Schülern zum Beispiel über ein bestimmtes Buch zu sprechen, das sie gelesen haben, werden Information und Diskussion darüber naturgemäß im Vordergrund stehen.

Zumeist wird einer mehr oder weniger originellen Einführung die Lesung folgen, danach wird der Autor Fragen beantworten, über Arbeitsweise, Vermarktung, Berufsprobleme usw. berichten und mit den Schülern diskutieren. Er wird überhaupt gut daran tun, sich auf die konkreten Bedürfnisse seiner Zuhörerschaft und bis zu einem gewissen Grad auch auf deren Erwartungen und Niveau einzustellen, solange das ohne inhaltliche Abstriche möglich ist. Daraus ergibt sich, dass es wenig sinnvoll erscheint, nach einem bestimmten Schema vorzugehen, das heißt: Der Meister kann die Form auch sprengen und sollte es entsprechend dem jeweiligen Anlass tun. Gelingt es, Schüler für das Lesen von Literatur zu gewinnen (das braucht nicht unbedingt die eigene zu sein), ist das wichtigste Ziel erreicht.

Ein großes Problem bei den Schullesungen ist immer wieder das Honorar des Autors. Wer ins Kino, zum Anwalt, zum Arzt, ins Restaurant essen oder ins Lokal Bier trinken geht, der weiß, dass er dafür bezahlen muss. Aber Kultur soll möglichst umsonst sein. Manchem spukt noch die romantisch-feudale Vorstellung im Kopf herum: Geld hat man, darüber spricht man nicht, schon gar nicht ein Dichter. Dazu hat Heinrich Böll schon vor mehr als drei Jahrzehnten zutreffend bemerkt, der Lorbeer gehöre in die Suppe. Auch Schriftsteller müssen ihren Lebensunterhalt verdienen; nicht jeder hat einen Fabrikanten zum Vater, eine Studienrätin zur Frau oder einen gut bezahlten Brotberuf nebenbei.

Verlangt der Autor für eine Doppelstunde das zurzeit vom Börsenverein des Deutschen Buchhandels und vom Verband deutscher Schriftsteller empfohlene Mindesthonorar von 250 EURO zuzüglich Mehrwertsteuer, Übernachtungs- und Fahrtkosten, muss er sich nicht selten anhören: «Ist das nicht etwas hoch gegriffen?» Oder es kommt sogar der Einwand: «Neulich war ein Kollege von Ihnen da, der hat nur 50 EURO verlangt.» Nun gibt es in der Tat genügend Autoren, die für ein paar EURO Lesungen veranstalten. Es gibt sogar Autoren, die noch etwas dazuzahlen würden, wenn sie in Schulen lesen dürften. Ob aber solche Veranstaltungen geeignet sind, Schülern Literatur nahe zu bringen und Einblick in die schriftstellerische Arbeit zu verschaffen, ist zu bezweifeln.

Jede Leistung hat ihren Preis; die vom Schriftsteller bei einer Lesung erbrachte Leistung ist – nach hiesigen Maßstäben – eine qualifizierte. Sie muss daher angemessen honoriert werden, zumal manche Autoren von dem Ertrag ihrer Arbeit leben. Der Einwand, Schullesungen dienten letztlich der Werbung und der Autor sei bereits durch seine Einnahmen aus dem Verkauf von Büchern ausreichend bezahlt, trifft nicht zu. Der Autorenname ist oft schon am nächsten Tag vergessen, auch wenn der Eindruck bleibt. Und wird vor oder nach einer Lesung tatsächlich ein Klassensatz Bücher verkauft, beträgt der Erlös für den Urheber zwischen 10 und 20 EURO. Die Autorentantiemen für eine Taschenbuchauflage von 10 000

Lieber Herr Bittner!

Wir sind eine Klasse in einer Schule des Rheinischen Landesjugendheims Halfeshof. Wir haben ihr Buch "Weg vom Fenster" mit wachsender Begeisterung gelesen. Was uns nicht gefallen hat, war, daß diese Geschichte wie abgerissen aufhört. Warum haben Sie an dieser Stelle aufgehört? Einige von uns können sich durch eigenes Erleben gut in Werners Lage versetzen. Haben sie sich diese Geschichte nur ausgedacht oder gibt es diesen "Werner" wirklich? Wenn es "Werner" gibt, würden wir gerne wissen, wie sein Leben weiterging, blieb er krimminell oder kam er wieder auf die richtige Bahn?

Uns interessiert es wirklich und deshalb bitten wir Sie, uns zu schreiben und auf unsere Fragen zu antworten.

Vielen Dank im voraus und mit freundlichen Grüßen
Die Klasse 9 H₁

Exemplaren liegen je nach Ladenpreis bei 2500 bis 5000 EURO brutto, ein Bagatellbetrag im Verhältnis zum Jahreseinkommen eines Lehrers.

Zu berücksichtigen ist ferner, dass Berufsschriftsteller von ihrem Honorar noch Mehrwertsteuer, Einkommensteuer, Sozialversicherung, Betriebskosten, Verpflegung usw. zu zahlen haben, dass eine Vorleistung erbracht wurde und Reisen erforderlich sind. Mancher Schlagersänger, Filmschauspieler oder Fußballstar würde über die Honorarsätze für Lesungen durchaus renommierter Schriftsteller nur mitleidig den Kopf schütteln. Nach Abzug aller Unkosten bleiben einem freiberuflich tätigen Autor von 500 Mark Honorar nach einer Berechnung von 1997 noch 166,35 DM (so Imre Török im «VS-Handbuch»).

Jeder Autor wird sich freuen, wenn er in Schulen eingeladen wird, wenn also Interesse an seiner Arbeit besteht und wenn sich öffentliche wie auch private Stellen um die Verbreitung von Literatur bemühen. Das kann nicht hoch genug eingeschätzt werden in einer Zeit, in der zwar die Bedeutung des Buches ständig hervorgehoben wird, Stadtbüchereien aber Literaturwochen hier und da schon mit Hilfe elektronischer Medien bestreiten. Bleiben die Honorarangebote für Lesungen jedoch so gering, wie es heute zum Teil der Fall ist, braucht sich niemand zu wundern, wenn immer weniger professionelle Autoren bereit sind, Schullesungen zu übernehmen. Die Folge davon könnte sein, dass selbst bei steigenden Veranstaltungszahlen auf die Dauer ein Verlust von Qualität in Kauf genommen werden muss. Darüber sollte man sich bei den mit Jugendliteratur befassten Institutionen einmal grundlegende Gedanken machen, damit ursprünglich begrüßenswerte Initiativen nicht in ihr Gegenteil verkehrt werden.

Einige Stichworte zur Organisation

1. Kontaktaufnahme mit dem Autor persönlich oder über Verlag, Bödecker-Kreis etc.
2. Absprache von Termin, Honorar, Unterbringung und Angabe einer bestimmten Altersstufe.

Lesung in der Schulbibliothek, Foto von Klaus Händel, 2000

3. Die Schüler erhalten Informationen über Biographie und Arbeit des Autors.
4. Nach Möglichkeit lesen die Schüler ein Buch, einen Textauszug oder einzelne Texte des Autors.
5. Für die «Lesung» stehen in der Regel zwei Schulstunden vor maximal zwei Klassen zur Verfügung. Je kleiner die Gruppe, desto intensiver die Begegnung.
6. Der Autor wird vom Lehrer eingeführt oder führt sich selber ein. Er sagt z. B. etwas zu seinem Werdegang und zu dem Buch, aus dem er lesen wird.
7. Der Autor liest (und erzählt), je nach Zuhörerschaft in einem Durchgang oder mehreren Abschnitten, bis zu 40 Minuten. Eventuell können zusätzliche akustische und optische Eindrücke vermittelt werden (Hörspiel, Dias, Film); auch Rollenspiele, Malübungen, Traumreisen usw. sind möglich, sollten aber nicht überwiegen.
8. Der Autor stellt sich den Fragen der Schüler und diskutiert mit ihnen.

9. Der Autor berichtet über Arbeitsweise, Zustandekommen von Büchern, Vermarktung, Berufsprobleme ...; er beantwortet Fragen dazu.

10. Der Lehrer spricht im Literaturunterricht mit den Schülern über die Veranstaltung; vielleicht werden weitere Texte des Autors gelesen und besprochen sowie Rezensionen, Interviews und Artikel herangezogen.

Unangenehm für den Autor ist es, wenn die Veranstaltung überhaupt nicht vorbereitet worden ist, aber hinterher dann Briefe mit zwanzig Fragen kommen. Die Schüler sind auf einmal «motiviert», aber der Autor sitzt einen halben Tag am Computer, um die Fragen zu beantworten.

Für gewöhnlich verstehen die Lehrer Autorenlesungen jedoch in ihren Unterricht zu integrieren, ohne die Autoren über Gebühr in Anspruch zu nehmen; die Schülerinnen und Schüler sind überwiegend aufmerksam und wissbegierig. Am Schluss gibt es viel Beifall, manchmal für die Autorin Blumen, für den Autor Pralinen, vielleicht sogar eine Einladung zum Mittagessen mit den Lehrern. Und zwei, drei Jahre später kommt die Anfrage nach einem weiteren Termin.

Wozu Leseförderung?

Leider werden die Gelder für Leseförderung im Rahmen der Mittelkürzungen im Kulturbereich mehr und mehr zusammengestrichen. Einerseits beklagt man allerorten eine Zunahme von Vandalismus, Gewalt, Rassismus und Kriminalität, andererseits werden die Ursachen ignoriert. Man wundert sich darüber, dass die Patentanmeldungen und Erfindungen zurückgehen, die Kreativität in der Wirtschaft nachlässt – als ob Verzicht auf Kultur ohne Wirkung bliebe. In einer derart unkulturellen Atmosphäre können sich Eigenschaften wie Toleranz, Mitgefühl, Hilfsbereitschaft, Mitmenschlichkeit nur schwer entwickeln. Stattdessen gedeihen auf dem Boden der Unwissenheit, Borniertheit und Intoleranz besonders der Nationalismus und Rassismus.

Was heute zählt, sind überwiegend materielle Werte. «Immer mehr und am meisten für mich», heißt das Prinzip; es muss etwas bringen, Spaß machen, es soll möglichst nicht anstrengen. Wozu Kultur? Die haben wir doch sowieso, meint man. Sie ist allerdings auch nicht messbar. Also bemüht man sich erst gar nicht darum. Übersehen wird dabei, dass die Materie lediglich die Basis bieten kann, auf der sich ein menschenwürdiges Leben entwickelt. Diese nicht neue Erkenntnis droht allmählich in Vergessenheit zu geraten.

Wenn wir uns einig sind, dass die Literatur aus einem Bewusstsein dessen entsteht, was fehlt, dann steckt in ihrer Abspaltung und Vereinzelung auch ein Moment von Kritik ... Trotzdem verständigen sich Autor und Leser eigentlich überall auf stumme Weise zuerst über das, was fehlt, und wenn es einen Genuss im Lesen gibt – das den Leser doch auch durch so viele Täler der Tränen führt –, dann besteht er in der Erfahrung, dass in der Lektüre der innere Mensch noch einmal erfunden wird, dass sich lauter Menschen, die nichts von einander wissen, in einer Solidargemeinschaft über einer Welt zusammenschließen und kraft ihrer gemeinschaftlichen Erfahrung vielleicht davon träumen, wie Kant sagte, «es könne künftig besser werden, und zwar mit uneigennützigem Wohlwollen, wenn wir selbst nicht mehr sind, und die Früchte, die wir aussäen halfen, nicht einernten werden».
Roger Willemsen: Am Anfang war das Wort. In: JULIT 4/1999

Die Fernsehkonsumenten werden ständig mit einer Vielzahl schlechter Filmen berieselt. Es ist eine Illusion anzunehmen, dass dies bei einem Fernsehkonsum von oftmals mehreren Stunden am Tag keine Wirkung habe. Zum Teil sehen schon die Kinder Erwachsenenprogramme mit Sex und Crime, Kitsch und Schund. Konfliktlösungen in diesen Trivialstreifen erfolgen fast immer durch Gewalt. Hauen, stechen, schießen ist angesagt. Es muss knallen und krachen, brüllen und kreischen. Emotionen sind gefordert. Wenn du nicht so willst wie ich, schlage ich zu oder ziehe die Pistole. Und diese Vorbilder sollten nicht beeinflussen?

Das trifft auch auf Computerspiele und Videos zu. Schon bei den Zeichentrickfilmen fängt es häufig an, dass Gewalt bagatellisiert wird; die Opfer werden misshandelt, erschossen, platt gemacht, und sie stehen danach wieder auf und agieren mit der ihnen eigenen Hektik weiter. In den Vorabendserien begleiten Beschimpfungen, Ruppigkeiten und sogar Tätlichkeiten die ansonsten inhaltlich dürftigen Dialoge und banalen Handlungen, selbst in den «Love Stories». Man ist hinterhältig, hämisch, zynisch, verlogen, gewaltbereit, man schreit und fetzt sich – das bringt Spaß und Tempo und kommt an.

Den Produzenten solcher Produkte geht es nur um ihren Gewinn. Ihre Rechtfertigung ist die Einschaltquote und damit das «Bedürfnis» des Publikums. Wir wissen von Horror- und Zombie-Filmen, in denen zum Zeitvertreib eines fragwürdigen Publikums gefoltert, gemordet und zerstückelt wird. Nicht wenige Unterhaltungsfilme gehen heute in diese Richtung; die Grenzen verschieben sich immer mehr ins Extreme. Unter solchen Umständen brauchen wir uns nicht zu wundern, dass die Gewaltbereitschaft unter Kindern und Jugendlichen statistisch messbar gestiegen ist.

Immer wieder ist zu hören, der Einfluss der Medien werde überbewertet, die Menschen wüssten zwischen Fiktion und Realität zu unterscheiden. Aber besonders Kinder und Jugendliche sind aufnahmebereit, sie orientieren sich an Vorbildern, und das von ihnen Aufgenommene hat prägende Kraft. Das Fernsehen gaukelt ihnen Scheinwelten vor, in denen gesunde, attraktive Menschen in geräumigen und bestens eingerichteten Wohnungen leben, womöglich bedient von Personal, in der Tasche die unerschöpfliche Kreditkarte und in der Garage den Sportwagen oder den Straßenkreuzer. Auf der anderen Seite fehlt ihnen das Geld, ihre einfachsten Lebensbedürfnisse zu befriedigen. Wen wundert es, dass sie nach Wegen suchen, ihre Defizite auszugleichen, und sei es durch kriminelle Handlungen. Nun lässt sich das Fernsehen nicht isoliert betrachten. Es ist ein Spiegel unserer Gesellschaft, in der Toleranz, friedfertige Verhaltensweisen und Vernunft keinen besonders hohen Stellenwert haben. Das zeichnet sich natürlich in den Medien ab, die wiederum prägend sind – eine verhängnisvolle Wechselwirkung.

In Computerspielen wie «Mortal Combat» oder «doom» wird mit ungeheurer destruktiver Kraft gespielt und abgeschossen, schnell und glatt und beiläufig ... Zwar werden noch die Helden und die Bösen unterschieden, aber nicht nach moralischen Kategorien, sondern nach Zweckmäßigkeit der dramaturgischen Ökonomie. Töter sind sie alle, und sie töten ohne Zögern und Konflikte. In den guten alten Gary-Cooper-Western wie «Zwölf Uhr mittags» gab es diesen Gewissenseinspruch durchaus noch – die Frage: Darf ich überhaupt töten? Was ist Notwehr, was Mord? Gewalt musste immer erst die Gewissensinstanz passieren, bevor sie legitimiert und akzeptiert (und genossen) werden konnte. All das mögen die modernen Produzenten dem Publikum nicht mehr zumuten. Sie wissen: Die Ängste und Bedenken der Stimme des Gewissens versetzen nicht in Spannung, sondern langweilen. Sie finden keine emotionale Resonanz. Diese neue Medienwelt ist grandios und destruktiv, allmächtig und grausam.

Wolfgang Bergmann, Psychologe, in: Süddeutsche Zeitung, 28./29. 3. 1998

Hinzu kommt, dass unsere immer steriler werdende Umwelt kaum noch Freiräume für Abenteuer bietet. Die schafft man sich dann, indem man in Alkohol, Drogen, Sex und Glücksspiele flüchtet, Randale macht oder verbotene Wege geht. Crashrennen, S-Bahn-Surfen, Bungeejumping, sogar die vielen Graffiti oder Jugendkriminalität sind ein Symptom für diesen nicht befriedigten und nicht zu kompensierenden Abenteuerdrang, wie auch für ein immenses Reservoir an brachliegender kreativer Potenz. Die virtuellen Welten der Computerspiele oder die «Chatting-Ecken» des Internets, in denen Realität beliebig manipuliert und lediglich Pseudonähe hergestellt wird, bieten hier keinen akzeptablen Ersatz, nicht für Erwachsene und erst recht nicht für Kinder und Jugendliche.

Da kann die Literatur einen Gegenpol bilden. Sie bietet Zuflucht und Anregungen, sie kann das Leben farbiger machen, den Horizont erweitern. Sie schafft Bewegung im Kopf. Und der Leser ist bei sich. Lesen kann ein Ventil und Katalysator sein. Gäbe es statistische Untersuchungen darüber, würde man sicherlich zu dem Ergebnis kommen, dass sich Menschen, die lesen, weniger gewalttätig und überhaupt aufgeschlossener, toleranter und sozialer verhalten. Jedenfalls belegen das Beobachtungen über Jahre hinweg.

Es gibt immer noch genügend Autorinnen und Autoren, die – ohne pädagogischen oder moralisierenden Impetus – ein humanes Anliegen haben und nicht in erster Linie für Geld und Ansehen schreiben; die auf gutem literarischen Niveau phantasievolle, anregende, unterhaltsame, vielleicht auch lehrreiche, provokative oder sonstwie interessante Geschichten erzählen. Die Menschen, besonders Kinder, lieben Geschichten seit jeher. Wir brauchen Verlage und Medien, die diese Art Literatur fördern, wir brauchen Pädagogen, Bibliothekare und Buchhändler, die diese Art Literatur propagieren. Leseförderung, wie auch ein Netz von Bibliotheken mit fachkundiger Beratung und von Jugendzentren, ist eine unabdingbare zivilisatorische Notwendigkeit.

Auch in Zeiten des Mangels öffentlicher Kassen gilt, dass Kulturförderung als Staatszielerfüllung Verfassungsauftrag ist und nicht etwas, was der Staat beliebig tun oder lassen kann.
Das Sprechergremium des Deutschen Kulturrats, 1998

Bücherlesen ist eine schöne, ehrliche, nutzliche Lustbarkeit; durch dieses wird manches sonst vernebletes Hirn ausgeheitert und aus manchem Narrennetz herausgezogen ... Ist also um das Bücherlesen ein behutsame, vorteilhafte, achtsame, nach- und wohlbedenkliche Sach.
Abraham a Santa Clara (urspr. Johann Ulrich Megerle, 1644–1709): Purpurmantel und Bauernkittel

Ein überflüssiger Beruf?

Bewegung im Kopf

In den Feuilletons, in Magazinen, Rundfunk- und Fernsehprogrammen finden wir ständig Hinweise auf Schriftsteller und Künstler von gestern, auf die Vordenker und Vorkämpfer, die unsere Kultur – wenn man es genau betrachtet – eigentlich erst ausmachen. Wir lesen, hören und sehen Beiträge über sie und lesen Texte von ihnen, die durchaus als für ihre Zeit wichtig und fortschrittlich anerkannt werden, deren Aussagen nach wie vor berechtigt erscheinen und Wirkung haben. Dabei kann nichts falsch gemacht werden: die Gelobten sind schon lange tot und damit salonfähig geworden. Sie können sich zu aktuellen Problemen nicht mehr zu Wort melden, keinen Redakteur, Lektor oder Verleger in Schwierigkeiten bringen. Ihre Werke sind Dokumente einer vergangenen Epoche geworden, ihre Äußerungen sind Zeitgeschichte.

Wer heute ähnlich arbeitet, wer nach Ursachen fragt, sie aufdeckt und in die Kunst und Literatur einbringt, hat es schwer. Solchen Künstlern, die von ihrer Arbeit kaum zu existieren vermögen (zumal es nur wenige Publikationsmöglichkeiten für sie gibt), wird empfohlen, sich doch nach einem Brotberuf umzusehen. Daneben – so wird gesagt – könne man ja immer noch schreiben, Bilder malen, Skulpturen gestalten, komponieren, texten. Sozial abgesichert und mit gutem Einkommen. Wer sich dagegen sperrt, hat selber Schuld, er soll sich gefälligst nicht beklagen; im Übrigen gebiert bekanntlich nur die Armut Großes.

Natürlich war das mit Büchner, Tucholsky, Seghers oder Grosz, und wie sie alle heißen, etwas ganz anderes. Das waren große Künstler, Avantgardisten, die haben bewiesen, dass sie etwas konnten. Die sind sogar widerspenstig und radikal gewesen; aber das war damals, als sie lebten, auch notwendig, ja sogar zwingend. So wird argumentiert und ein Vergleich mit der Situation von Künstlern in der Gegenwart abgelehnt. Nur: Viele der nach ihrem Tod salonfähig gewordenen Künstler wurden ihr Leben lang drangsaliert, verhöhnt, verfolgt, oft waren sie Außenseiter, «Hungerleider». Schauen wir uns ihre Biographien an, stellen wir fest, dass nicht wenige von ihnen in der Emigration gewesen sind, in Konzentrationslagern ermordet wurden oder den Freitod gewählt haben.

Diese Tradition ist niemals abgerissen. Kritische Bewusstheit und Fortschrittlichkeit haben sich in Deutschland noch nie ausgezahlt, eher schon Wohlverhalten, Mittelmäßigkeit, Konservativismus, Obrigkeitshörigkeit. Selbst Geistesgrößen wie Karl Marx, Sigmund Freud, Albert Einstein, Thomas Mann oder Else Lasker-Schüler wurde das Recht auf Heimat abgesprochen. Das sind Tatsachen, die nur allzu leicht verdrängt werden, wo über Kultur heute gesprochen wird und wo angeblich Kultur fabriziert wird. Man kann nicht oft genug daran erinnern.

Ich glaube ja nicht, dass die Hauptaufgabe der Literatur ist, eine dienende Magd der Politik zu sein, sondern dass die Hauptaufgabe der Literatur, wie aller Kunst, es ist, gegen die Entfremdung zu kämpfen, für das wirkliche Hören, Sehen, Fühlen, Denken gegenüber den Schablonen und den denkfeindlichen und sehfeindlichen Mustern in unserer Gesellschaft ... Dabei ergibt sich zum Teil natürlich das politische Engagement bis zu einem gewissen Grad von selbst ...
Erich Fried (1921–1988) im Gespräch mit Hanjo Kesting, Norddeutscher Rundfunk 1975

Je besser das Buch ist, desto weniger Chancen hat es, verkauft zu werden.
Honoré de Balzac (1799–1850): Verlorene Illusionen

Bei der Menge unnützer Schriften tut man übrigens wohl, ebenso vorsichtig im Umgange mit Büchern wie mit Menschen zu sein.
Adolph Freiherr von Knigge (1752–1796): Über den Umgang mit Menschen

Ein weiterer Aspekt kommt hinzu. Wir leben heute in einer Fernseh- und Illustriertenzivilisation mit medial vermittelten Persönlichkeitsbildern, in der Menschen, die sich nicht anpassen und die nicht ohne weiteres benutzbar sind, keinen Platz haben. In den Gesprächen nach Schullesungen kommen regelmäßig Fragen wie: «Was für ein Auto fahren Sie?» – «Was verdienen Sie denn so?» Schüler, die kurz vor der Berufswahl stehen, können zumeist gar nicht begreifen, dass ein Schriftsteller nicht darauf aus ist, durch seine Arbeit reich zu werden, dass er also Texte und Bücher nicht in der Hauptsache unter dem Gesichtspunkt ihrer Verkäuflichkeit verfasst, dass ihm Statussymbole nicht wichtig sind. Was heute zählt, ist Erfolg, der sich in Geld messen lässt. Auch für viele Verlage spielen die Lebensbedingungen des Schriftstellers, seine Anschauungen und seine Situation, also die Umstände, aus denen heraus Kreativität entsteht, keine Rolle mehr, sondern Kalkulation, Lizenzen, Akquisition, Herstellung, Werbung, Vertrieb usw.

Vielleicht stirbt der Beruf des Schriftstellers aus wie der des Märchenerzählers oder Bänkelsängers. Daran mögen dann nicht nur die neuen Medien schuld sein. Denn es gehören Menschen dazu, die sie benutzen und Bücher für überflüssig halten. Aber gerade diese Entwicklung ist nicht zu befürchten, es wird nach wie vor gelesen (und geschrieben). In fast jeder Schulklasse befinden sich regelrechte Leseratten. Das Buch hat eben den großen Vorteil, dass es vielseitig und bequem verwendbar ist, dass während des Lesens Zeit zum Überlegen bleibt, dass die Bilder zu dem Gelesenen nicht fertig geliefert werden, sondern – anders als beim Fernsehen – im Kopf erst entstehen, bei jedem Einzelnen von uns.

Wer die große Freiheit will, muss immer ein Stück Unsicherheit in Kauf nehmen. Wer die Sicherheit will, muss auf ein Stück Freiheit verzichten. Wir aber reden hier über die Sicherheit der Freien, also darüber, dass diejenigen, die sich als besonderes Privileg ein größeres Stück vom Kuchen Freiheit abschneiden wollen, die sich nicht unterordnen und anpassen wollen, dazu auch noch materiell abgesichert sein sollen. Da ist es doch richtig, wenn man nachfragt, wozu diese besonders Freien in unserem freien Land denn nutze sein sollen? Was leisten sie für die Gesellschaft? Wozu soll man ihre anmaßende Frechheit zur Freiheit auch noch absichern? Sollen sie doch an ihrer Freiheit ersticken, wenn sie nicht wenigstens marktgerecht produzieren …

Die meisten wirklich neuen und weltbewegenden Werke der Philosophie, Literatur, Kunst, Wissenschaft und des Journalismus entstanden unter Opfern, in Freiheit, nicht im Auftrag. Freiheit und Kreativität haben miteinander zu tun. Freie schaffen für die Gesellschaft, manchmal sogar für die ganze Menschheit nützliche Innovationen. Wer in Abhängigkeit ist, darf nicht ungebremst denken ... Jedenfalls sind Freie, Unabhängige für die Qualität einer Gesellschaft wichtig ...

Und wenn diese Freien für die Gesellschaft nützlich sind, dann sollte die Gesellschaft sie nicht im sauren Regen stehen lassen ... und man muss Modelle entwickeln, wie man die Mutigen, die möglicherweise etwas vorantreiben, ein wenig mehr absichert ...

Karlhans Frank, in: Bernt Engelmann u. a. (Hg.): Wir sind so frei, 1984

Etwas tun, zum Beispiel schreiben

In einem Interview beklagte Günter Grass kürzlich, es gebe zurzeit eine Tendenz bei etlichen jüngeren Autoren, «wie Amerikaner zu erzählen und sich fern zu halten von der Politik». Man bekomme «flüssig geschriebene Beziehungsgeschichten, sehr früh Autobiographisches», die eigenen Befindlichkeiten stünden im Vordergrund, «während das, was in der Gesellschaft insgesamt passiert an Überlappungen und Verwerfungen, ausgespart bleibt». Er empfiehlt, «sich keinem vom Zeitgeist diktierten Erzählmuster anzupassen», vielmehr in der Literatur «zu den Widersprüchen der Realität» zurückzukehren (Das Parlament, 11. 5. 2001). Damit hat Grass selbstverständlich nicht gegen eine Ästhetik oder Poesie in der Literatur Stellung bezogen, sondern eine deutliche Gegenposition zu dem eingenommen, was zur Zeit gängig ist und propagiert wird.

Kräftig geförderte junge Autorinnen und Autoren, die aller Voraussicht nach in wenigen Jahren wieder von der Bildfläche verschwunden sein werden, führen Verlagsprogramme an und erreichen mit ihren Erzeugnissen – neben den bewährt verkaufsträchtigen Übersetzungen aus dem Amerikanischen – Bestsellerauflagen. Der Jugendwahn hat auch in die Verlagshäuser Einzug gehalten. Erfahrene Autorinnen und Autoren schauen zu und wundern sich, manche verstummen. Das hat sicherlich nichts mit Neid zu tun, in den seltensten Fällen mit Resignation. Vielmehr fragen sich Schriftsteller,

Ein philosophischer Kauz, ein Schriftsteller. Zeichnung von Grandville

Künstler und Intellektuelle, die nicht allein auf größtmögliche Erträge schauen und sich den Blick für die gesellschaftliche Realität bewahrt haben, nach dem Sinn ihrer Arbeit in einer Gesellschaft, in der Egoismus und Erfolgsstreben alles andere überwuchern.

> Die Literatur schließt notwenig die Infragestellung des Ganzen ein.
> *Jean-Paul Sartre (1905–1980): Was ist Literatur? 1947*

Wo sind die neuen Bücher von Schriftstellerinnen und Schriftstellern, die uns jahrelang begleitet haben und zur kritischen Avantgarde gehörten? Womöglich ist etwas in Arbeit, vielleicht kommt wieder etwas. Aber die Verhältnisse haben sich verändert, alles hat sich verändert, es gibt zurzeit keine Alternative zum bestehenden Gesellschaftssystem. Wie sieht es heute in Russland aus, in Afghanistan, Tschetschenien, Kurdistan, Palästina, im Kosovo, Irak, in vielen Staaten Afrikas oder Südamerikas? Wo gibt es Perspektiven? Was lässt sich dazu sagen? Geht es nur noch um Ökonomie, Rohstoffe, Machterhalt, Globalismus, Technik, um Spaß, Zeitvertreib,

Sexualität, Unterhaltung? Warum wird Kultur als grenzüberschreitendes Verständigungsmittel so gering geachtet? Und warum muss Humanität fast immer hinter Gewinnstreben zurücktreten? Wo anfangen, wo aufhören?

Du ahnst ja nicht, was es bedeutet, wenn die Partei des Großkapitals dem Mann von der Straße den Fuß ins Gesicht setzt.
Philip Roth (Pulitzer-Preis 1998): Mein Mann, der Kommunist, 1998

Ich glaube wirklich – und manchmal bin ich auf der Seite der Euphoriker –, dass wir auf dieser Welt jeden Menschen ernähren können, jedem Menschen ein Dach über dem Kopf geben können. Technisch ist das heute möglich. Dass es nicht geschieht, ist von uns geschaffen und kein Naturgesetz. Es ist eine Schande, dass mehr als die Hälfte der Menschheit in großer Not und unwürdig lebt. Das zu ändern, ist ein politischer Wille notwendig.
Joseph Weizenbaum, Computerwissenschaftler, in: Freitag, 21. 2. 1997

Nach der Vereinigung der beiden deutschen Staaten im Jahre 1989 ist erneut eine tief greifende Veränderung der politischen, sozialen und kulturellen Situation eingetreten. Dass sich die ostdeutsche Bevölkerung in ihrer großen Mehrheit bei den ersten gesamtdeutschen Wahlen für die konservative Politik des damaligen CDU-Vorsitzenden und langjährigen Bundeskanzlers Helmut Kohl entschied (und damit seinerzeit eine sozialdemokratisch geführte Regierung verhinderte), war eine herbe Enttäuschung für viele Intellektuelle. Es folgten weitere politische Entscheidungen, die grundlegende Änderungen herbeiführten, wie die Privatisierung von Post, Bahn und zahlreichen bis dahin öffentlich-rechtlichen Versorgungsbetrieben. Eine fragwürdige Gesundheits-«Reform» wurde durchgeführt, das herkömmliche Sozialversicherungssystem in Frage gestellt, die Telefonüberwachung – von der Öffentlichkeit kaum bemerkt – ausgeweitet, Privatschulen und -universitäten sowie Studiengebühren wurden ins Gespräch gebracht, soziale und kulturelle Leistungen weiter abgebaut. Fortschreitende Globalisierung und Digitalisierung führten zu immer größerer Arbeitslosigkeit und abenteuerlichen Börsenspekulationen.

2001 lebten in Deutschland 13 000 Einkommensmillionäre, 1,5 Millionen Vermögensmillionäre und mehrere hundert Milliardäre;

auf der anderen Seite etwa 20 Millionen Menschen, also ein Viertel der Bevölkerung, die arbeitslos waren, Sozialhilfe erhielten oder nur über ein Einkommen wenig oberhalb des Existenzminimums verfügten. Die Kluft zwischen Arm und Reich wird immer größer, obwohl Deutschland zu den reichsten Ländern der Welt gehört. Geld ist da, mehr denn je, es fragt sich wofür. Die Beteiligung am Krieg gegen den Irak kostete Milliarden und den Konsens in weiten Teilen der Bevölkerung, dass Konflikte nicht mehr mit kriegerischen Mitteln zu lösen seien. Der Eintritt Deutschlands in den Krieg gegen Serbien 1999 unter einer rot-grünen Bundesregierung (über die Kosten wurde nicht gesprochen) schied die Geister erst recht. Viele haben das Gefühl, überhaupt keinen Einfluss mehr auf die Politik nehmen zu können. Inzwischen ist die Wahlbeteiligung gerade auch junger Menschen auf ein erschreckendes Minimum gesunken.

> Die gesellschaftlichen Widersprüche werden sich in der Zukunft dramatisch zuspitzen. Noch mehr Arbeitslosigkeit und Armut. Noch mehr Reichtum. Wie lange werden die Menschen das ertragen?
> *Franz Kersjes, Vorsitzender des Landesbezirks Nordrhein-Westfalen der Industriegewerkschaft Medien, in: IG Medien Forum 1/2000*

Natürlich gibt es in der politischen und kulturellen Entwicklung ständig Verschiebungen und Wellenbewegungen; aber bestimmte Grundsatzentscheidungen haben Folgen, die sich nicht so rasch wieder rückgängig machen lassen, selbst wenn der Wind sich dreht. Anzeichen für einen Umschwung sind jedoch zurzeit nicht erkennbar. An den Schulen und Universitäten ist es jedenfalls ruhig. Man speichert Fakten, surft im Internet, trägt Markenkleidung und stöpselt sich die Ohren zu. Mancher bewusste Zeitgenosse hat sich enttäuscht zurückgezogen, leidet unter dieser Stagnation. Aber das kann sich ändern. Man schaut eines Tages in die Zeitung, aus dem Fenster oder ins Fernsehen, und alles ist wieder anders, womöglich erfreulich lebendig, hell und kulturvoll, im wahrsten Sinne des Wortes human. Wir geben die Hoffnung nicht auf und schreiben weiter unsere Bücher.

Nachwort
oder Ein Buch wird fertig

Nachzutragen bleibt, dass an dieser Stelle die Arbeit an diesem Buch noch lange nicht beendet ist, bis es der Leser schließlich in der Hand hat. Das, was bis jetzt aufgeschrieben und zusammengestellt worden ist, geht zunächst einmal als Computerausdruck und Diskette zum Lektor. Wahrscheinlich wird er einige Anmerkungen machen, hier und da auch Veränderungsvorschläge haben, die – so ist zu hoffen – zu einer Verbesserung führen.

Der Autor kann jedenfalls erst einmal aufatmen, denn die Hauptarbeit ist geleistet. Er könnte sich – so denkt der Laie – jetzt zurücklehnen, in Urlaub fahren, ein paar Wochen ausspannen, bis er ein neues Vorhaben angeht. Aber in den seltensten Fällen reichen der Vorschuss und die Tantiemen aus anderen Büchern für ein derart geruhsames Leben. Eine verabredete Rundfunkarbeit ist abzuschließen, ein zugesagter Vortrag auszuarbeiten, der demnächst erscheinende Gedichtband soll zusammengestellt, Manuskripte müssen Korrektur gelesen, eine Taschenbuchausgabe überarbeitet werden; auf der Schreibtischecke liegt der Entwurf für einen Zeitschriftenartikel, daneben der Postberg, der sich angesammelt hat: Verlagskorrespondenz, Anfragen von Redaktionen, Bibliotheken, Buchhandlungen, Schulen, Kulturinstitutionen, Signierwünsche, Lesungs- und Vortragsvereinbarungen, Mahnungen des Finanzamts, eine Mieterhöhung ... Außerdem stehen eine Tagung sowie eine mehrtägige Lesereise ins Ausland bevor, und nicht zuletzt verlangt die Familie ihr Recht.

Zwischendurch kommt der Lektor zu einer abschließenden Besprechung, das Manuskript wird nochmals überarbeitet. Die Zitate und Illustrationen werden eingepasst, erforderliche Abdruckgenehmigungen dafür eingeholt. Der Buchgestalter hat unterdessen den

Umschlag entworfen, Schriftgröße, Satzspiegel, Papierqualität usw. festgelegt. Anschließend kann das Buch gesetzt werden. Das geschieht heutzutage natürlich nicht mehr im Bleisatzverfahren, wie es seit Gutenbergs Zeiten bis vor wenigen Jahren üblich war und bei bibliophilen Publikationen manchmal noch praktiziert wird, sondern durch ein elektronisches Textverarbeitungssystem. Die auf Umbruch gesetzten Druckfahnen erhält der Autor zur Korrektur, den Titelentwurf zur Begutachtung.

Dann wird in der Setzerei korrigiert, und die Druckvorbereitung beginnt. Drucken und Binden, heute meist ein Arbeitsvorgang, sind nach wie vor technisch aufwendig. Aber endlich ist das Buch fertig. Es kann an die Buchhandlungen ausgeliefert werden; Vertrieb und Werbung haben es schon lange vorher dem Buchhandel und den Medien vorgestellt. Zugleich schickt der Verlag die Rezensionsexemplare für die Medien und die Freiexemplare für den Autor ab. Diesmal ist es kein Roman geworden, auch kein Gedichtband und erst recht keine Satire, sondern ein Sachbuch (oder so etwas Ähnliches). Die Leser und Kritiker werden schon noch hören lassen, ob sie damit einverstanden sind.

Literaturhinweise

Zur Vertiefung sind folgende, teilweise leider vergriffene und nur noch in Bibliotheken vorhandene Bücher geeignet:

Goetz Buchholz: Ratgeber Freie. Schriftenreihe der Industriegewerkschaft Medien, Stuttgart 1998. Ein hervorragendes Nachschlagewerk u. a. zu Fragen der Besteuerung und des Urheberrechts, hilfreich das umfangreiche Stichwortregister.

Imre Török: VS-Handbuch. Steidl Verlag, Göttingen 1999. Hinweise, Tipps, Ratschläge zu über 130 Stichwörtern. Als Handbuch des Verbandes deutscher Schriftsteller eine gute Informationsquelle.

Gerhild Tieger und Manfred Plinke: Deutsches Jahrbuch für Autoren, Autorinnen. Autorenhaus-Verlag Plinke, Berlin 2000. Praxisnahe Erläuterungen und Empfehlungen. Mit publizistischen und literarischen Beiträgen, vielen Adressen und einem Index der Verlagsprogramme.

Manfred Plinke: Handbuch für Erst-Autoren. Wie ich den richtigen Verlag finde. Autorenhaus-Verlag Plinke, Berlin 2000. Nützliche Informationen zum Buchmarkt und Tipps zur Verlagssuche.

Sandra Uschtrin und Michael Joe Küspert: Handbuch für Autorinnen und Autoren. Uschtrin Verlag, München 2001. Adressen und Informationen aus dem deutschen Literatur- und Medienbetrieb.

Karla Fohrbeck und Andreas J. Wiesand: Der Autorenreport. Mit einem Vorwort von Rudolf Augstein, Rowohlt Taschenbuch Verlag, Reinbek bei Hamburg 1972. Ein für das Thema wichtiges, wenn auch schwer handhabbares Buch, zum Teil veraltet.

Bernt Engelmann, H. Joachim Schauss, Dagmar Scherf, Jürgen Schröder-Jahn, Eckart Spoo (Hg.): Wir sind so frei. Künstler und Publizisten gegen politischen und wirtschaftlichen Druck, Steidl Verlag, Göttingen 1984. Engagiert, mit aufschlussreichen Zeitdokumenten; mehr auf Medienbetrieb, Zensur und soziale Sicherung in den achtziger Jahren ausgerichtet, dennoch nicht veraltet.

Dieter Lattmann (Hg.): Entwicklungsland Kultur. Dokumentation des dritten Schriftstellerkongresses des Verbandes deutscher Schriftsteller (VS). Kindler Verlag, München 1973. Enthält eine Chronik zur Entwicklung der Schriftstellervereinigungen seit 1842; vor allem wird die Gründung des Verbandes deutscher Schriftsteller und sein Anschluss an die Industriegewerkschaft Druck und Papier dargestellt.

Quellennachweis der Abbildungen

S. 15: Ernst Volland, Berlin

S. 25, S. 43, S. 48, S. 154: Aus: Grandville: Staats- und Familienleben der Thiere. Hamburg 1969

S. 31: Gerstäcker-Museum, Braunschweig

S. 60: Erben Heinz Held, Köln

S. 69: Buch und Buchhandel in Zahlen 2001. Herausgegeben vom Börsenverein des Deutschen Buchhandels e. V., Frankfurt a. M. 2001, S. 57

S. 71: Buch und Buchhandel in Zahlen 2000. Herausgegeben vom Börsenverein des Deutschen Buchhandels e. V., Frankfurt a. M. 2000, S. 22

S. 73: Buch und Buchhandel in Zahlen 2001. a. a. O., S. 57

S. 82: Luis Murschetz, München, aus: Die Zeit, 13. 10. 1995

S. 125: Marie Marcks, Heidelberg

S. 132: © VG Bild-Kunst, Bonn 2001

S. 137: Hans Traxler, Frankfurt a. M.

S. 144: Klaus Händel, Aurich